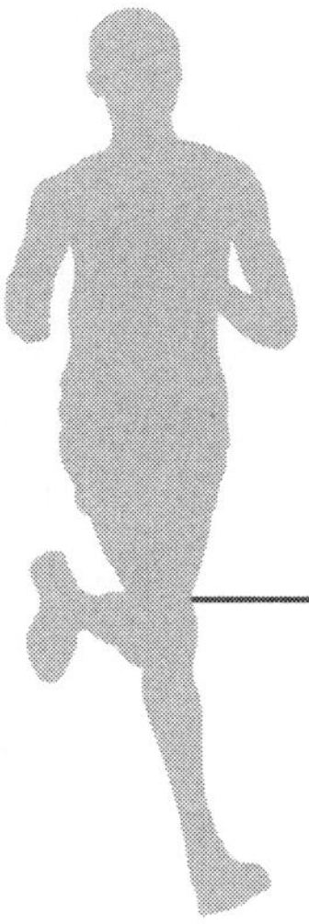

高等教育运动医学&运动康复精品教材

功能康复训练

钱菁华　主编

北京体育大学出版社

策划编辑 佟 晖
责任编辑 佟 晖
责任校对 未 茗
版式设计 佟 晖 李沙沙

图书在版编目(CIP)数据

功能康复训练/钱菁华主编. --北京:北京体育大学出版社,2016.11(2021.7 重印)
ISBN 978-7-5644-2458-9

Ⅰ.①功… Ⅱ.①钱… Ⅲ.①体能-身体训练-高等学校-教材 Ⅳ.①G808.14

中国版本图书馆 CIP 数据核字(2016)第 289330 号

功能康复训练 钱菁华 主编

出版发行:北京体育大学出版社
地　　址:北京市海淀区农大南路 1 号院 2 号楼 2 层办公 B-212
邮　　编:100084
网　　址:http://cbs.bsu.edu.cn
发 行 部:010-62989320
邮 购 部:北京体育大学出版社读者服务部 010-62989432
印　　刷:北京昌联印刷有限公司
开　　本:787mm×1092mm 1/16
成品尺寸:185mm×260mm
印　　张:8
字　　数:205 千字
版　　次:2016 年 11 月第 1 版
印　　次:2021 年 7 月第 4 次印刷
定　　价:28.00 元

编委会

主　编： 钱菁华

副主编： 高　颀

编　委： （按姓氏笔画排序）

王　丹　卢　玮　刘冬森　阮　槟

任钰琪　张　秦　高　颀　钱菁华

秦　爽　席　蕊

目录 CONTENTS

第四章　下肢渐进性功能训练

第一章　功能康复训练概述

本章教学提示

渐进性功能训练是基于功能性训练的方法和渐进运动疗法的应用原则的一种新兴的运动康复技术，近年来在骨骼肌肉系统的康复中应用越来越广泛与深入。本章通过介绍渐进性功能训练的概念、分级和注意事项，使学生理解和掌握渐进性功能训练的核心概念和具体训练方法的设计原则，为学习上肢、下肢和躯干主要肌群的渐进性功能训练方法做好准备。

面授内容

第一节　渐进性功能训练的概念

一、渐进性功能训练的定义

渐进性功能训练是基于功能性训练的方法和渐进运动疗法的应用原则的一种新兴的运动康复技术。在功能性训练中，训练肌肉、发展肌肉力量的目的是为了使日常活动变得更容易、更平稳、更安全和更有效率。功能性训练可以有效改善人体在日常生活中的功能能力，也可以帮助专业运动员提高竞技表现。在渐进运动疗法中，术语“渐进”是指机体的各个系统逐渐地超负荷，使机体逐渐地承受更高水平的生理压力，相应的机体会通过达到特定的机能适应对训练要求做出反应。

渐进性功能性训练遵循的原则是 SAID 原则（Specific Adaptation to Imposed Demands），即机体对施加的负荷要求有特定的适应性。根据 SAID 原则，机体会因为适应特定的需求而发生改变，在渐进性功能训练中，通过渐进性地增加练习的难度，肌肉会逐渐地、适应性地变得更强壮，发展到更高的力量和耐力水平，达到更强的神经肌肉控制、协调和功能能力。

在不同类型的训练中，可以通过恰当地控制频率、强度、持续时间和（或）训练模式等变量来实现增加机体负荷。前三者可以遵循循序渐进原则安排，而本书主要介绍通过训练模式或种类的改变来实现运动负荷的逐渐变化。因此，本书所介绍的渐进性功能训练的关键是怎样逐步改变训练模式或特定训练，以产生一个对机体系统逐渐的、适宜的超负荷，即遵循从最简单到最困难顺序的渐进训练方式。（图 1－1）

最简单的训练方式，即“少技巧”的方式，训练要求较低的平衡、稳定、本体感觉和动作控制能力，方法容易被接受，对绝大部分人来说是非常安全的，指导者需要提示的部分最少，适用于每一个人。随着难度循序渐进增加，连续训练方式的另一端是难度最高阶段，即“多技巧”的方式，训练要求非常高的运动技能和充分保持关节稳定的能力，包括经常提到的与核心稳定性相关的脊柱关节。由于训练难度大，只适用于体能较好的运动员或积极运动者，要求在运动中应具备保持颈部、脊柱、肩胛和骨盆在理想平面的能力。

难度最高的训练对机体的本体感觉和神经肌肉系统的平稳协调有较高要求。所以，安全地进行挑战性训练的能力取决于训练者的特定技能和全面的体能水平。尽管一些训练方法看起来完成比较困难，同时损伤风险较高而存在一定的争议，但实际上，对一些具备优秀技能、体能和核心稳定性的运动人群，能够安全适宜地进行训练。本书涉及到各个部分难度较高的训练方法，有很高的挑战性，只适合少数人来选择应用，如竞技体育运动员和那些想在锻炼中尝试变化和终极挑战的人，关键问题是适宜性。健身专业人士和运动者必须要选择适宜需要和体能水平的训练，安全永远是第一位的。

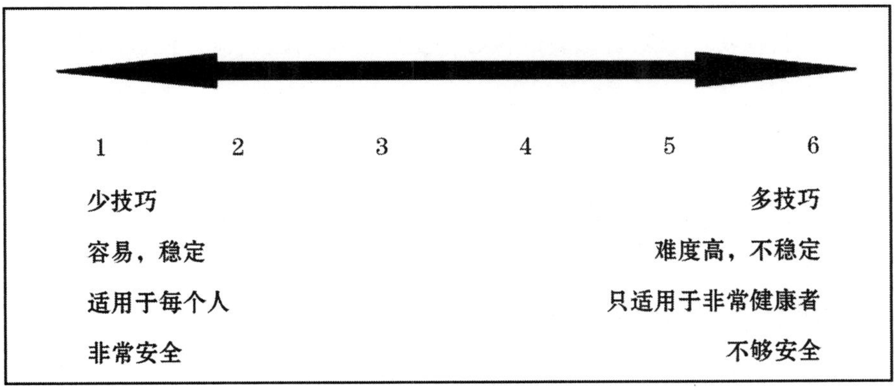

图 1－1　渐进性功能训练的渐进方式

二、渐进性功能训练的分级

（一）第一级：肌肉独立训练

这是训练的初始阶段，练习者的重点在肌肉独立运动，让练习者学习有选择性地收缩单块肌肉或肌群。由此，练习者通过增加机体意识水平和肌肉功能获得信心。

这个等级的训练通常在仰卧位或俯卧位进行，身体尽可能多地与地板或凳子接触，因此减少了稳定肌参与的需要。所以，通常这些训练很安全；在最小的损伤风险下每个人能有效学会这些训练。为了增强练习者的肌肉意识和机体如何工作的知识，在进行这个级别的训练中，重力是唯一被应用的阻力形式。

（二）第二级：肌肉独立抗阻训练

在这个等级，通过器械、重量、增加力臂长度或弹力带和弹力管产生外部阻力，同时保持稳定肌参与最小化。在许多情况下，实际的训练和第一级一样。应注意的是，在第一级和第二级，安全风险和指导者的提示被最小化。所有因素都为一个目的考虑：在保持适宜的姿势或形式下，练习者可以安全、容易、有效地进行这些种类的训练。

（三）第三级：加入功能训练体位

在这个等级训练通常使用坐位或站位进行练习，对大部分人来说，这是更有功能性的两个体位。与卧位相比，在换成坐位或站位时，练习者的基础支持面减小，所以在训练中增加的难度或挑战是有效地使用稳定肌。在大部分训练方法中，作为完成动作的主要动力来源，目标肌群仍然是独立的。

（四）第四级：功能和阻力的联合增加

在这个等级，由重力、外部附加重量、器械、弹力带或弹力管等联合产生的阻力最大化，同时，训练会在功能位对练习者的核心稳定肌群使用超负荷，使训练方法更加接近人体的日常功能活动。

（五）第五级：对多个肌群增加阻力，挑战核心稳定性

在这个等级，每个训练中同时涉及多个肌群和关节的活动。这要求肌肉机能、平衡、协调和躯干稳定推进到一个更高的程度。

（六）第六级：加入平衡，增加功能性挑战、速度和（或）旋转运动

在这个等级，可能会要求利用单腿平衡、使用摆动板或平衡球、加入超等长运动、负重合并脊柱旋转或者利用一些与运动专项相关的方式进行练习。由于损伤的潜在风险增加，指导者应小心谨慎。应注意，由于每个人疾病史、身体素质和体能水平、参与训练的动机水平不同，许多对象不能完成这个等级中的一些训练。

自学内容

第二节　渐进性功能训练的应用和注意事项

康复治疗是以功能为中心的学科，人体的日常活动与运动中的整体性、功能性越来越受到重视，提出了“功能康复训练”的概念，运动疗法作为康复的传统手段与基本技术，在长期的临床应用中逐步建立了较为完整的渐进程序。功能康复训练就是在传统的渐进性运动疗法的应用原则基础上，结合功能性训练的理念与技术发展的一种新兴的运动康复技术。近年来，渐进性功能训练越来越多地应用于康复领域，并不断发展和完善。

一、渐进性功能训练的应用

（一）功能训练可用来提高肌肉的平衡和关节的稳定性

通过训练可以提高受训者自然条件下的多个平面的自由活动度。相比之下，器械训练动作往往设计在一个运动面内完成，这与实际运动完成的多维空间特性不符，也可能导致错误动作或损伤。研究表明，功能性训练与可变阻力的器械训练相比所产生的训练效果更明显。前者的测试指标要比后者高出 58%。而功能性受训者的平衡能力比后者高 196%。同时前者的关节痛感在训练后下降了 30%。

（二）功能训练对运动损伤的康复至关重要，对伤后恢复效果明显

研究发现，两组运动员在前十字韧带重建术后分别进行功能性训练（每周 2 次，共 4 小时）和传统力量训练（每周 3 次，共 6 小时）。经过 6 个月训练后，对单足跳、五步跨跳、单足三级跳分别进行测试与结果对照显示，功能训练组的单侧下肢功能性指标成绩普遍好于力量训练组，而且在单侧纵跳成绩上，功能训练组在损伤侧和非损伤侧的纵跳成绩上均明显优于力量训练组，但两组在双侧蹲跳、纵跳成绩上并无差异。也有研究得到了类似的结果，Tomljanovi 等（2011）研究表明，侧重运动实际动作的功能训练有别于传统力量训练，在身体控制及动作协调能力上具有突出的效果，相比之下，传统力量训练对肌肉爆发力影响更明显。功能训练与传统力量训练相比更符合运动的动作特点，对运动能力的影响更加深刻。

（三）功能训练可以为功能性力量评价提供相关参数

功能性力量的评价对训练计划的制定具有重要的参考价值，测试是为了评价训练效果或运动能力变化情况，可了解该运动项目真正需要强化的部分。从功能角度，人体基本动作包括上肢的推、拉，下肢的下蹲、蹬伸等。因此，可以由此设计或选择功能性测试指标。例如，上肢功能力量测试指标：俯卧撑（击掌）、卧推、肩后推举、仰卧引体向上。男子为正握引体向上（pull - up）、女子为反握引体向上（chin - up）。男子可采用负重式引体向上，正常条件下所完成的引体向上的次数决定了负重大小。如果男运动员可完成 25 次引体向上，那么每组重复 5 次的负重为 25 磅。如果每组重复 3 次，负重为引体向上次数的 1.5 倍。下肢功能力量测试指标可采用单腿持物下蹲起、原地纵跳（摸高）、单足跳、跨步跳等。

二、渐进性功能训练的注意事项

作为运动康复技术的一种常用方法，渐进性功能训练在使用中需要秉持的前提是将运动损伤的风险或损害健康的事故的发生率最小化，即安全至上，以下几点在渐进性功能训

练的方案设计和执行中需要注意：

1. 在渐进性功能训练的方案设计和执行之前，需要对使用者进行评估，确定功能诊断。根据评估结果，结合既往损伤史和健康问题设计、执行和调整训练方案。损伤情况下，需要获得有效的临床诊断。

2. 在进入更高等级的训练之前，练习者应能在使用的方式、到达设定的训练量和强度的前提下，完成所有设定的训练。

3. 为了安全，指导者在必要时需要调整所有训练。这一步可能涉及需要从连续训练方式中较低难度开始设计完全不同的训练方法。

4. 指导者必须始终考虑训练效果与损伤风险的关系，特别是在高级的训练中，应根据练习者的主观和客观条件分析训练的益处是否大于潜在的风险。需要注意的是，不是所有的练习者都必须要进行第五级或第六级的功能训练。而且第五级和第六级中所涉及的训练方法也并不是适合所有人的。

第二章　上肢渐进性功能训练

本章教学提示

本章以上肢的主要肌群为例阐述了渐进性功能训练的具体操作方法，并与常见运动损伤结合讲解实际应用，使学生通过具体操作方法的学习和实践，理解和掌握上肢主要肌肉的渐进性功能训练的具体方法和一些特殊案例的设计思路。

第一节　胸大肌和三角肌前束的功能训练

胸大肌是上肢的主要动力来源，其锁骨部可完成屈曲肩关节，胸骨部可完成内收和伸展肩关节，联合收缩可以完成水平内收肩关节。三角肌前束的主要功能是屈曲肩关节和水平内收肩关节，在功能活动中，常与胸大肌联合作为主动肌群。

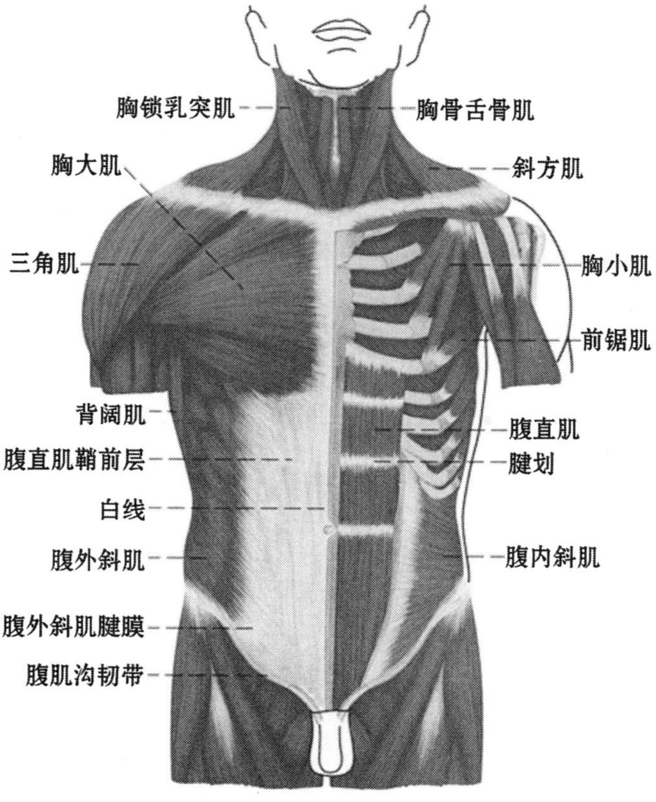

胸大肌

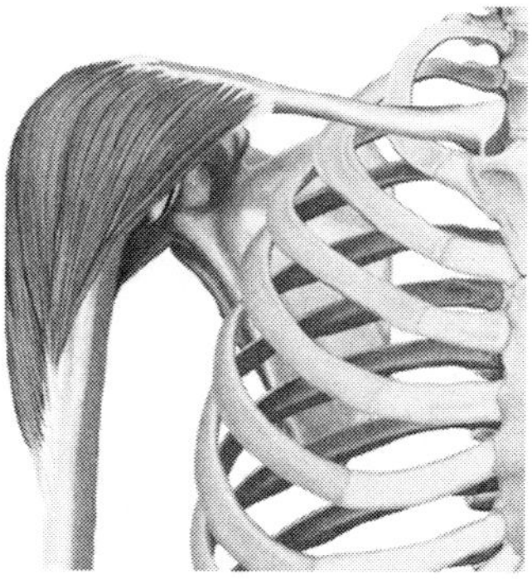

三角肌前束

面授内容

一、第一级：肌肉独立训练

（一）仰卧位短杠杆飞鸟

仰卧位，双膝关节屈曲，脊柱、颈部和肩胛骨保持在中立位。起始姿势为两侧肩关节屈曲90°，上臂保持在垂直位，肘关节屈曲，平稳地向体侧打开上肢，肘关节保持屈曲，到达水平位后肌群收缩，回到起始位置。（图2－1）

图2－1　仰卧位短杠杆飞鸟

（二）仰卧位长杠杆飞鸟

仰卧位，双膝关节屈曲，脊柱、颈部和肩胛骨保持在中立位。起始姿势为两侧肩关节屈曲90°，上肢保持在垂直位，肘关节微屈。平稳地向体侧打开上肢，到达水平位后肌群收缩，回到起始位置。（图2－2）

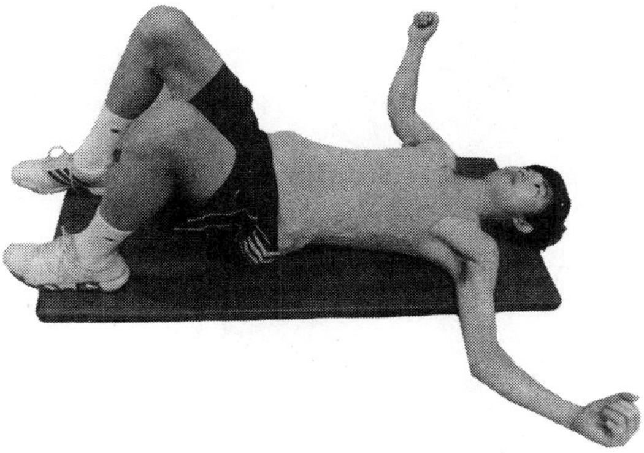

图2－2　仰卧位长杠杆飞鸟

二、第二级：肌肉独立抗阻训练

（一） 仰卧位短杠杆抗阻飞鸟

仰卧位，双膝关节屈曲，脊柱、颈部和肩胛骨保持在中立位。起始姿势为两侧肩关节屈曲90°，上臂保持在垂直位，肘关节屈曲，双手握哑铃加阻力。平稳地向体侧打开上肢，肘关节保持屈曲，到达水平位后肌群收缩，回到起始位置（图2－3）。应避免上肢分开过宽。

图2－3 仰卧位短杠杆抗阻飞鸟

（二） 坐位变阻力训练器练习

坐位，脊柱、骨盆、颈部和肩胛骨保持在中立位，肩胛带抵在衬垫上，抗阻收缩胸肌，双上肢从两侧向中间聚拢。应避免上肢分开过宽，可能会增加损伤肩关节的风险。（图2－4）

图2－4 坐位变阻训练器练习

三、第三级：加入功能训练体位

（一）站立位弹力管抗阻练习

双手握交叉弹性软管，背对墙面固定点、柱子或者搭档，双足前后分开站立，处于最佳的阻力位置。手握弹性管于肩关节前方，软管置于上臂下方。下肢分立，从背部看，头到脚后跟保持一条直线。收缩腹肌，保持脊柱、颈部、骨盆和肩胛骨的中立位。在胸部的水平位向前推出。（图2－5）

图2－5　站立位弹力管练习

（二）瑞士球上仰卧位飞鸟

仰卧于瑞士球上，肩关节、颈部和头靠在球上，与整个下肢保持在平直的位置，臀肌和腹肌收缩。起始，肩关节屈曲90°，上肢垂直，肘关节微屈。慢慢打开并降低上肢，肘关节保持稳定。收缩胸肌，回到起始位置（图2－6）。双足并拢可能会增加训练的难度。

图2－6　仰卧瑞士球飞鸟

四、第四级：功能和阻力的联合增加

（一） 坐位拉力器练习

坐在板凳上，后背无支撑。脊柱、颈部和肩胛骨保持在稳定的中立位。双上臂平举与胸同高，摆放成飞鸟的位置，将手柄分别拉向对侧，同时收缩胸肌。控制拉长的阶段，避免运动范围过大。保持肩关节下压，远离两耳，不要耸肩。（图 2 –7）

图 2 –7　坐位拉力器练习

（二） 站位无轨迹训练器飞鸟

背对训练器站立（使用高位滑轮，拉线交叉），下肢分立。从背部看，保持从头到脚跟的直线。膝关节自然站立。腹肌收缩，脊柱、颈部和肩胛骨保持在中立位，肘关节微屈。在胸部前面将手柄分别拉向对侧，同时收缩胸肌。控制拉长的阶段，避免运动范围过大。（图 2 –8）

图 2 –8　站位无轨迹训练器飞鸟

自学内容

一、第五级：对多个肌群增加阻力，挑战核心稳定性

（一）俯卧撑

使身体由头到足保持在一条直线上，整个身体平直，保持中立位。（图2－9）

图2－9　俯卧撑

（二）瑞士球上的俯卧撑

俯卧于瑞士球上，手支撑走步向前移动成俯卧撑体位，瑞士球在足背（鞋带位置）或脚趾下支撑。俯卧撑起时臀肌和腹肌收缩，身体平直，颈部在中立位（图2－10）。若要增加训练难度，可以令练习者一侧足支撑在瑞士球上，另一侧悬空，完成俯卧撑。

图2－10　瑞士球上的俯卧撑

二、第六级：加入平衡，增加功能性挑战、速度和（或）旋转运动

（一） 瑞士球上的俯卧撑加下肢屈伸

俯卧于瑞士球上，手支撑向前移动成俯卧撑体位，瑞士球在足背（鞋带位置）下支撑。俯卧撑起时臀肌和腹肌收缩，身体平直，颈部在中立位。俯卧撑起后，屈曲髋关节和膝关节，并带动瑞士球前进，接着伸直髋关节和膝关节，再做俯卧撑。（图 2－11）

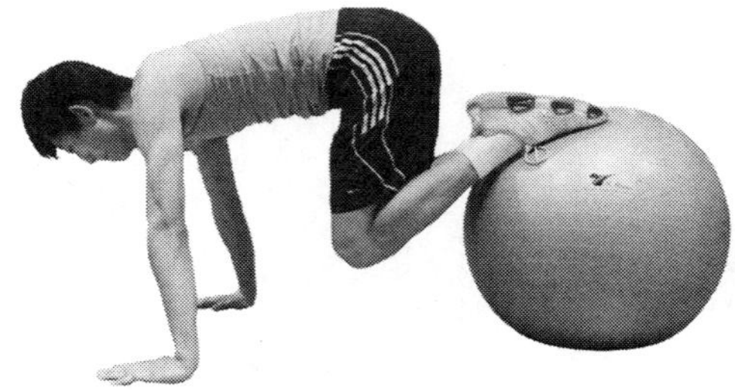

图 2－11　瑞士球上的俯卧撑加下肢屈伸

（二） 俯卧撑加交替转体侧展

在地板上完成一个完整的俯卧撑。撑起，转体侧展身体，由一侧上肢和脚负重支撑。停留并保持平衡，然后回到双手支撑做俯卧撑。交换到另一侧，保持骨盆、脊柱、颈部和肩胛骨在中立位，腹肌收紧。（图 2－12）

图 2－12　俯卧撑加交替转体侧展

第二节　斜方肌中束、菱形肌和三角肌后束的功能训练

斜方肌的主要功能包括上抬、上回旋、后缩和下撤肩胛骨；菱形肌的主要功能包括后缩、上抬和下回旋肩胛骨；三角肌后束的主要功能是伸展和水平外展肩关节。以上肌群对辅助胸廓运动及维持适当的姿势具有重要作用。

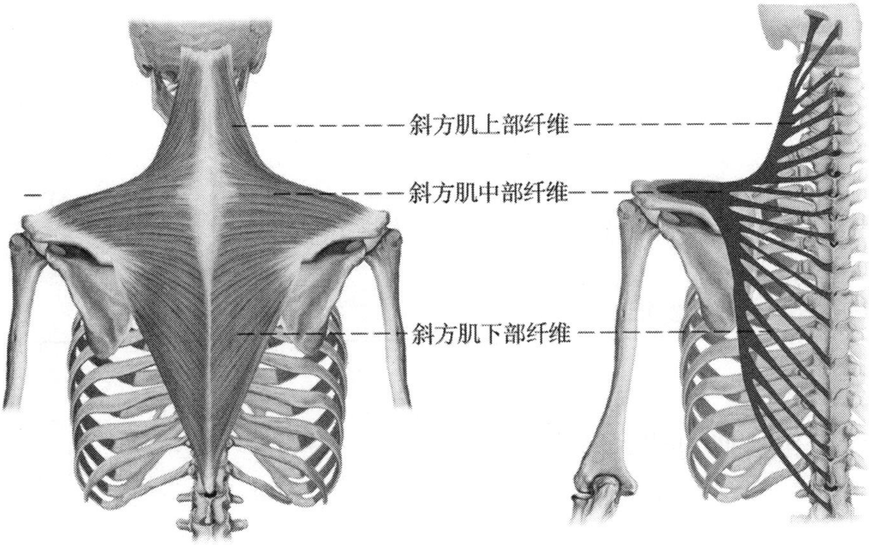

斜方肌中束

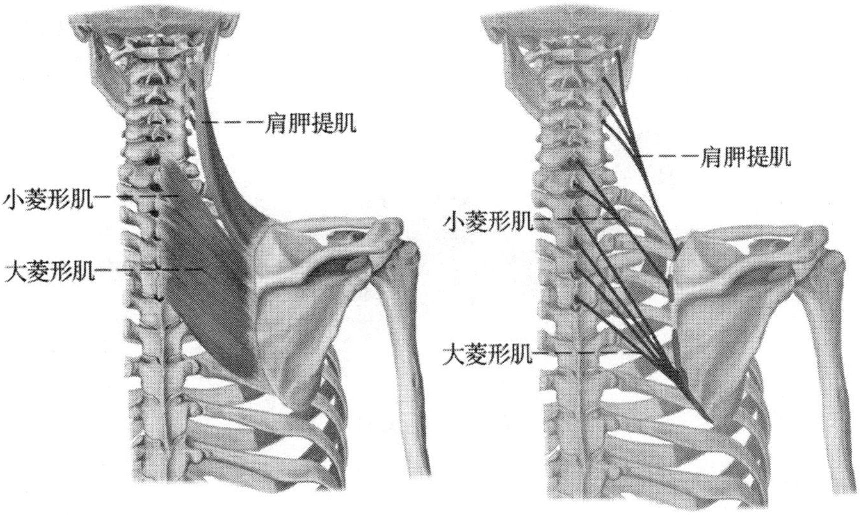

菱形肌

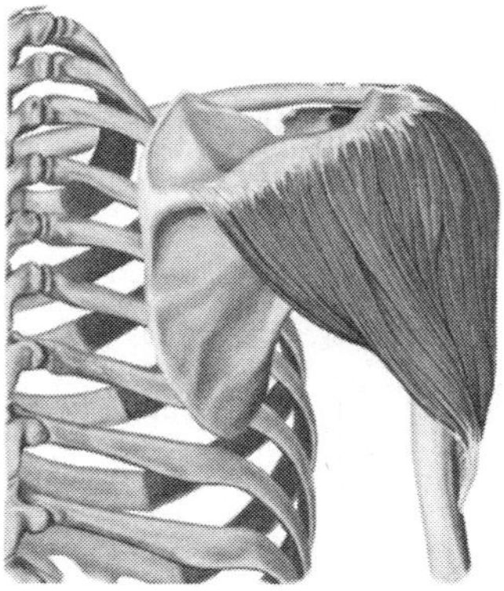

三角肌后束

面授内容

一、第一级：肌肉独立训练

（一）俯卧位短杠杆飞鸟

俯卧位，面部朝下，颈部、脊柱和骨盆在中立位，收腹。上肢外展与躯干成90°，肘关节90°屈曲。后缩肩胛骨，双上肢抬离地面。收缩斜方肌中束和菱形肌。（图2－13）

图2－13　俯卧位短杠杆飞鸟

（二）俯卧位长杠杆飞鸟

俯卧位，面部朝下，颈部、脊柱和骨盆在中立位，收腹。上肢外展与躯干成90°，后缩肩胛骨，双上肢抬离地面。（图2－14）

图2－14　俯卧位长杠杆飞鸟

二、第二级：肌肉独立抗阻训练

（一）坐位训练器飞鸟

坐位，躯干稳定支撑于垫子上，脊柱和颈部保持在中立位，收缩斜方肌中束和菱形肌，后缩肩胛骨，避免弯腰。（图2－15）

图2－15　仰卧位短杠杆抗阻飞鸟

（二） 斜板俯卧抗阻飞鸟

俯卧在长凳上，腹肌收缩，肋骨和髋关节与垫子相接触。保持上肢垂至躯干，后缩肩胛带，抬起上肢。在肩胛带后缩（斜方肌中束和菱形肌）时收缩三角肌后束。（图 2 – 16）

图 2 – 16 斜板俯卧抗阻飞鸟

三、第三级：加入功能训练体位

（一） 坐位水平划船

坐位，下肢位于体前，膝关节微屈。保持脊柱和颈部在中立位，可以坐在垫子上。将弹力管环绕于脚底后交叉，手掌向下，肘关节向外，肩关节外展 80° ~ 90°，完成水平划船运动并后缩肩胛骨。（图 2 – 17）

图 2 – 17 坐位水平划船

（二） 瑞士球上的俯身短杠杆飞鸟

腹部支撑俯卧在瑞士球上。从头到足保持平直，颈部、脊柱和骨盆在中立位。肩关节外展 90°，肘关节屈曲 90°。收缩斜方肌中束、菱形肌和三角肌后束，后缩肩胛骨。（图 2 –18）

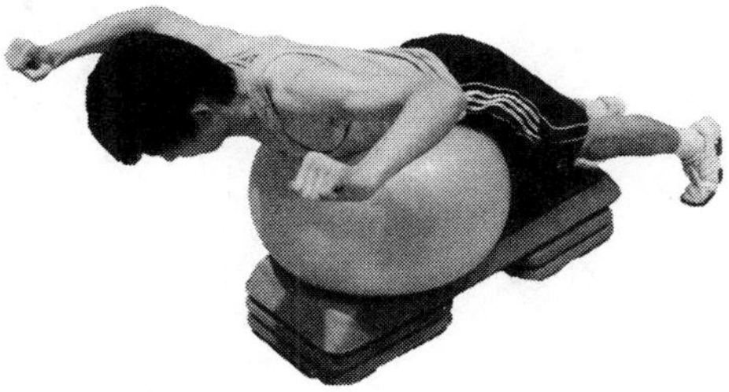

图 2 –18　瑞士球上的俯身短杠杆飞鸟

四、第四级：功能和阻力的联合增加

（一） 瑞士球上的俯身抗阻飞鸟

腹部支撑俯卧在瑞士球上。从头到足保持平直，颈部、脊柱和骨盆在中立位。肩关节外展 90°，肘关节微屈，手掌向下并抓哑铃负重。收缩斜方肌中束、菱形肌和三角肌后束，后缩肩胛骨。（图 2 –19）

图 2 –19　瑞士球上的俯身抗阻飞鸟

（二） 滑轮单侧俯身飞鸟

双脚平行分开与肩同宽站立在滑轮单元旁边。以髋关节为轴弯曲身体，不运动侧的手支撑在同侧大腿上。收缩腹肌，保持脊柱和颈部在中立位。抓住滑轮手柄，完成单侧的俯

身飞鸟，保持肘关节微屈，腕关节伸直，肩关节平直。通过飞鸟，进行后缩肩胛骨。（图2－20）

图2－20　滑轮单侧俯身飞鸟

自学内容

一、第五级：对多个肌群增加阻力，挑战核心稳定性

（一）俯身抗阻划船

双脚平行站立与肩同宽，以髋为轴，保持脊柱和颈部在中立位，收腹。分四步完成一个划船动作：① 扩胸，肘关节向上移动；② 后缩肩胛骨；③ 放松肩胛骨；④ 回到起始位置。斜方肌中束、菱形肌和三角肌后束收缩参与动作。（图2－21）

图2－21　俯身抗阻划船

二、第六级：加入平衡，增加功能性挑战、速度和（或）旋转运动

（一）交替弓箭步的水平划船

固定弹力管，练习者在下肢进行交替弓步时，双手抓住弹力管完成一个水平（高位）划船动作，肘关节向上，肩关节外展 80°～90°（图 2－22）。注意后缩肩胛骨。

图 2－22　交替弓箭步的水平划船

第三节　三角肌中束和冈上肌的功能训练

三角肌中束和冈上肌的主要功能是外展肩关节。

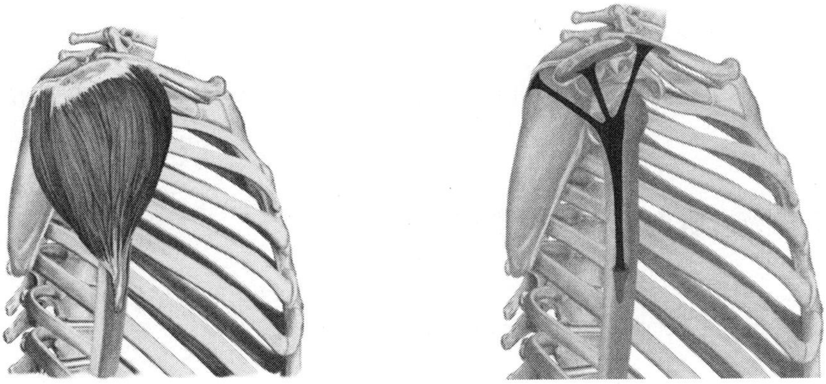

三角肌中束

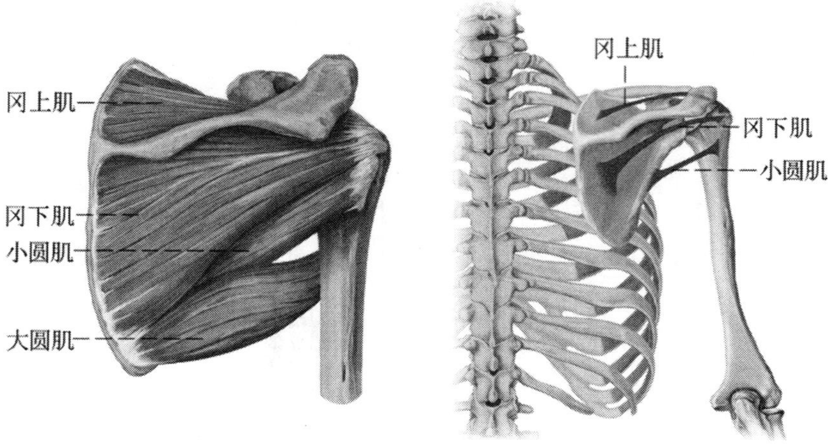

冈上肌

面授内容

一、第一级：肌肉独立训练

（一） 仰卧位肩关节外展

仰卧于治疗床或瑜伽垫，身体处于中立位，将肘部和腕部悬吊并使肩关节处于水平位。收缩三角肌和冈上肌外展肩关节。

（二） 站立位肩关节外展

站立位，骨盆、脊柱、颈部和肩胛骨保持在中立位，收腹。上肢放松，收缩三角肌和冈上肌外展肩关节。

二、第二级：肌肉独立抗阻训练

（一） 站立位手持哑铃肩关节抗阻外展

站立位，骨盆、脊柱、颈部和肩胛骨保持在中立位，收腹。上手持杠铃，收缩三角肌和冈上肌外展肩关节。

（二） 站立位手持弹力带肩关节抗阻外展

站立位，骨盆、脊柱、颈部和肩胛骨保持在中立位，收腹。上手持弹力带一端，收缩三角肌和冈上肌外展肩关节。

三、第三级：加入功能训练体位

（一） 站立上身前倾位肩关节外展

站立位，以髋关节为轴使上身前倾，收腹。与上半身保持在同一水平面外展肩关节。

（二） 弓步蹲位肩关节外展

弓步蹲位，保持上半身中立位，收腹。三角肌和冈上肌收缩，外展肩关节。

四、第四级：功能和阻力的联合增加

（一） 站立上身前倾位肩关节外展

站立位，以髋关节为轴使上身前倾，收腹。与上半身保持在同一水平面，手持哑铃外展肩关节。

（二） 弓步位肩关节外展

弓步蹲位，保持上半身中立位，收腹。三角肌和冈上肌收缩，手持哑铃外展肩关节。

自学内容

一、第五级：对多个肌群增加阻力，挑战核心稳定性

（一） 瑞士球上坐位肩关节抗阻外展

坐于瑞士球上，保持上半身稳定中立位，收腹。三角肌和冈上肌收缩，手持哑铃外展肩关节。

（二） 瑞士球上俯卧位肩关节抗阻外展

上半身俯卧于瑞士球，下肢伸直固定于地面，保持身体中立位，保持躯干肌群稳定收缩。三角肌和冈上肌收缩，手持哑铃外展肩关节。

二、第六级：加入平衡，增加功能性挑战、速度和（或）旋转运动

（一） 单腿站立肩关节抗阻外展

单腿站立位，保持身体中立位，收腹。手持哑铃外展肩关节。

（二） 弓步蹲起肩关节抗阻外展

弓步蹲下，上身保持中立稳定位，蹲起过程中外展肩关节。

第四节　背阔肌的功能训练

背阔肌的主要功能包括伸展和内收肩关节，协助肩关节内旋和肩关节水平内收。

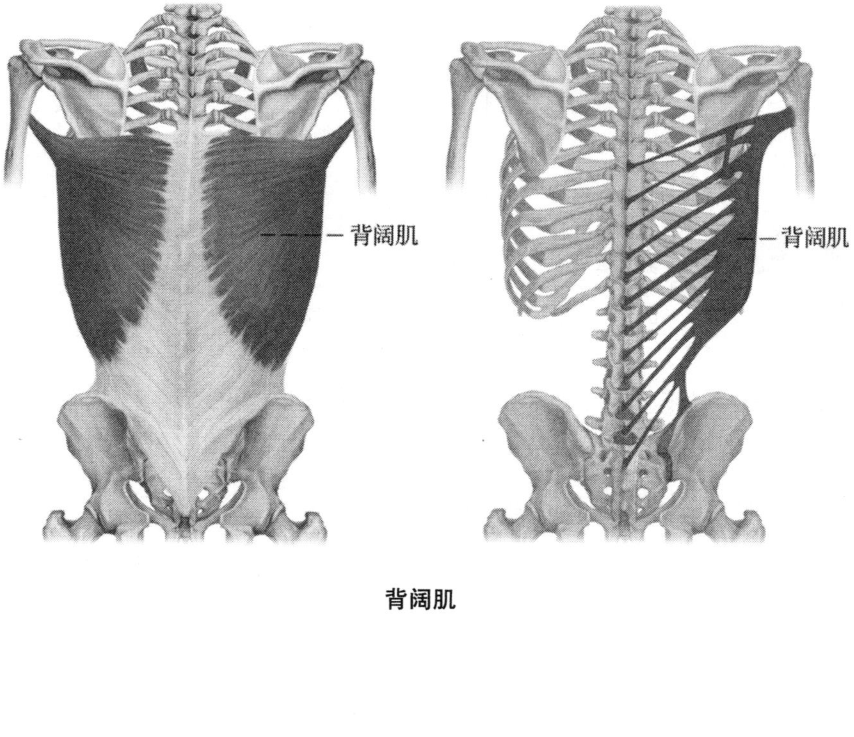

背阔肌

面授内容

一、第一级：肌肉独立训练

（一） 俯卧位肩关节伸展

俯卧于长凳上（可倾斜），骨盆、脊柱、颈部和肩胛骨保持中立位，收腹。上肢放松，肩关节呈屈曲位垂直于地面。收缩背阔肌，完成双侧肩关节伸展的动作。（图 2－23）

（二） 仰卧位肩关节伸展

仰卧于长凳上，垫高双脚，保持骨盆、脊柱和颈部中立位。肩关节屈曲使上肢举过头顶呈水平位，然后收缩背阔肌，伸展肩关节，使上肢移至垂直位。（图 2－24）

图 2－23　俯卧位肩关节伸展

图 2－24　仰卧位肩关节伸展

二、第二级：肌肉独立抗阻训练

（一）俯卧位肩关节抗阻伸展

俯卧于长凳上（可倾斜），骨盆、脊柱、颈部和肩胛骨保持中立位，收腹。手持哑铃，上肢放松，肩关节呈屈曲位垂直于地面。收缩背阔肌，完成双侧肩关节伸展的动作。（图2－25）

（二）仰卧位肩关节抗阻伸展

仰卧于长凳上，垫高双脚，以保持骨盆、脊柱和颈部中立位。手持弹力管，肩关节屈曲使上肢举过头顶呈水平位，然后收缩背阔肌，伸展肩关节，使上肢移至垂直位。（图2－26）

图2－25　俯卧位肩关节抗阻伸展

图2－26　仰卧位肩关节抗阻伸展

三、第三级：加入功能训练体位

（一）站位肩关节抗阻伸展

站立，双脚分开，从头到脚跟保持直线。不活动侧的手支撑在同侧的大腿上。收腹，保持骨盆、脊柱、颈部和肩胛骨中立位。肩关节平正，同时收缩背阔肌，完成肩关节伸展的动作。（图2－27）

图2－27　站立位肩关节抗阻伸展

（二）站位肩关节内收

在高处固定住弹力管。抓住手柄，双足分立，从头到脚跟保持直线，骨盆、脊柱、颈部和肩胛骨在中立位，收腹。收缩背阔肌，上肢稍微在额面之前，完成肩关节内收的动作。（图 2－28）

图 2－28　站位肩关节内收

四、第四级：功能和阻力的联合增加

（一）站位滑轮肩关节抗阻伸展

面对高位滑轮站立，双足分立，从头到脚跟保持直线，骨盆、脊柱、颈部和肩胛骨在中立位，收腹。不活动侧的手放在同侧的大腿上支撑。活动侧的手抓住手柄，全范围地肩关节伸展，收缩背阔肌，保持躯干完全直立。（图 2－29）

图 2－29　站位滑轮肩关节抗阻伸展

（二） 瑞士球上的俯卧肩关节抗阻伸展

俯卧，腹部在瑞士球上支撑，从头到脚跟保持直线，将弹力管固定在墙上（高杠杆或是杠铃上），抓住手柄，肩关节屈曲。收缩背阔肌，呼气，肩关节全范围伸展，再慢慢回到起始位置。（图 2－30）

图 2－30 瑞士球上的俯卧肩关节抗阻伸展

自学内容

一、第五级：对多个肌群增加阻力，挑战核心稳定性

（一） 站位前倾划船

身体以髋为轴站立，膝关节自然直立，收腹。脊柱和颈部在一条直线上。上体略微向前倾斜，收缩背阔肌，双侧划船，上臂紧贴身体两边。一直保持躯干稳定。（图 2－31）

图 2－31 站位前倾划船

二、第六级：加入平衡，增加功能性挑战、速度和（或）旋转运动

（一）单侧平衡站立的低位划船

单脚平衡站立在平衡垫上，收腹，骨盆、脊柱和颈部保持中立位。将不活动侧的手放在同侧大腿上支撑。面对低位滑轮，抓住手柄在低位划船，上臂紧贴肋骨。保持肩关节水平和躯干稳定。（图 2 –32）

图 2 –32　单侧平衡站立的低位划船

第五节　肱二头肌的功能训练

肱二头肌的主要功能是屈曲肘关节。

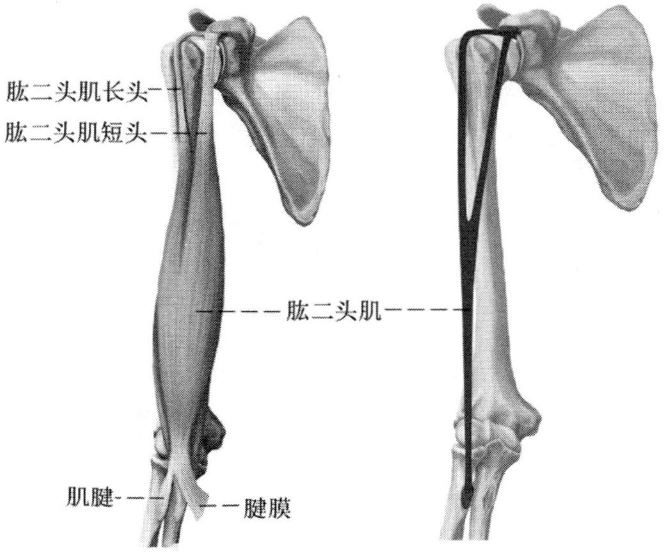

肱二头肌

面授内容

一、肌肉独立训练

（一）仰卧位肘屈曲

仰卧位，整个躯干保持中立位。起始位置为手臂伸直紧贴床面，前臂缓慢抬起至肘关节达到最大幅度，再回到起始位置。

（二） 站姿靠墙肘屈曲

站立位，头部、双肩、臀部及双脚后跟紧贴墙面。起始姿势为手臂垂直于地面，肘部保持紧靠墙面，使肘关节缓慢屈曲至最大幅度，然后回到起始位置。

二、肌肉独立抗阻训练

（一） 站姿靠墙弹力带抗阻肘屈曲

站立位，头部、双肩、臀部及双脚后跟紧贴墙面，双脚踩住弹力带中部，双手握弹力带。起始姿势为手臂垂直于地面，肘部保持紧靠墙面，使肘关节缓慢屈曲至最大幅度，然后回到起始位置。

（二） 坐姿手持哑铃肘屈曲

坐在椅子上，腰背部紧靠椅子靠背，使脊柱、颈部和肩部保持稳定的中立位。起始姿势为手臂垂直于地面，使肘关节缓慢屈曲至最大幅度，然后回到起始位置。

三、加入功能训练体位

（一） 坐姿肘屈曲

坐在板凳上，后背无支撑。脊柱、颈部和肩部保持稳定的中立位。起始姿势为手臂垂直于地面，使肘关节缓慢屈曲至最大幅度，然后回到起始位置。

（二） 坐姿手臂水平肘屈曲

坐在板凳上，后背无支撑。脊柱、颈部保持稳定的中立位，肩关节屈曲 90°（双手前平举），双手握住弹力带。起始姿势为手臂平行于地面，使肘关节缓慢屈曲至90°，然后回到起始位置。

四、功能和阻力的联合增加

（一） 站姿手持哑铃肘屈曲

站立位，后背无支撑。脊柱、颈部和肩部保持稳定的中立位，双手握住哑铃。起始姿势为手臂垂直于地面，使肘关节缓慢屈曲至最大幅度，然后回到起始位置。

（二） 站姿无轨迹训练器手臂水平肘屈曲

站立位，后背无支撑。脊柱、颈部保持稳定的中立位，肩关节屈曲 90°（双手前平举），双手握住轮滑杠杆。起始姿势为手臂平行于地面，使肘关节缓慢屈曲至90°，然后回到起始位置。

自学内容

一、对多个肌群增加阻力、挑战核心稳定性

（一） 半蹲位无轨迹训练器划船

半蹲位，保持躯干稳定，肩关节屈曲 90°（双手前平举），双手握住把手。脊柱、颈部保持稳定的中立位。起始姿势为手臂平行于地面，使上臂在矢状面进行运动，即屈肘的同时肩关节伸展使轮滑杠杆拉向身体，然后缓慢回到起始位置。

（二） 斜向反握引体向上

双脚后跟支撑，双手反握单杠，躯干保持平直使身体斜向悬空。起始姿势为手臂伸直，保持躯干稳定使上臂在矢状面进行运动，即屈肘的同时肩关节伸展使身体拉向单杠，然后缓慢回到起始位置。

二、加入平衡，增加功能性挑战，速度（或）和旋转运动

（一） 半蹲位无轨迹训练器单臂划船

半蹲位，保持躯干稳定，肩关节屈曲 90°（双手前平举），单手握住把手。起始姿势为手臂伸直，保持躯干稳定使上臂在矢状面进行运动，即屈肘的同时肩关节伸展使轮滑杠杆拉向身体，然后缓慢回到起始位置。

（二） 单腿支撑斜向反握引体向上

单腿后跟支撑，双手反握单杠，躯干保持平直使身体斜向悬空。起始姿势为手臂伸直，保持躯干稳定使上臂在矢状面进行运动，即屈肘的同时肩关节伸展使身体拉向单杠，然后缓慢回到起始位置。

第六节 肱三头肌的功能训练

肱三头肌的主要功能是伸肘。

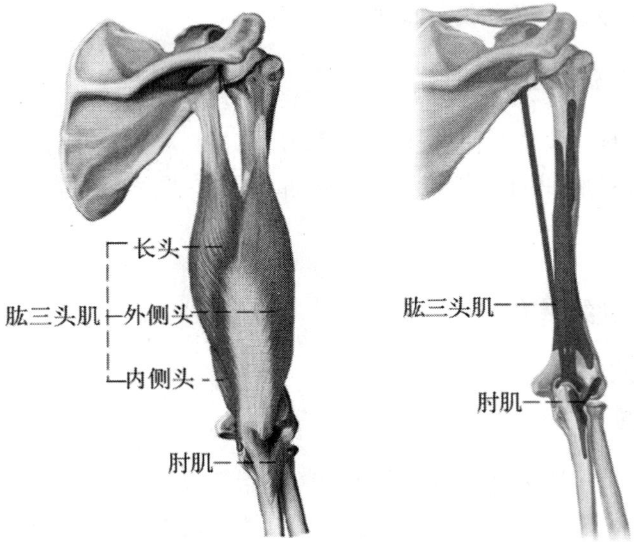

肱三头肌

面授内容

一、肌肉独立训练

（一） 侧卧位伸肘

侧卧位，躯干保持中立位。起始姿势为肘关节屈曲 90°并靠紧身体，缓慢伸肘至手臂完全伸直，然后缓慢回到起始位置。

（二） 俯卧位伸肘

俯卧位，躯干保持中立位。起始姿势为肩关节稍外展使前臂自然下垂，缓慢伸肘至手臂完全伸直，然后缓慢回到起始位置。

二、肌肉独立抗阻训练

（一）俯卧位哑铃抗阻伸肘

俯卧位，躯干保持中立位，起始姿势为肩关节稍外展使前臂自然下垂，双手握哑铃。缓慢伸肘至手臂完全伸直，然后缓慢回到起始位置。

（二）背靠无轨迹训练器伸肘

站立位，腰背部紧靠设备，使脊柱、颈部和肩部保持稳定的中立位。起始姿势为双手握住把手下拉，同时双肘屈曲夹紧身体。缓慢伸肘至手臂完全伸直，然后缓慢回到起始位置。

三、加入功能训练体位

（一）俯身伸肘

双腿微屈膝，上身保持平直，躯干往前倾。起始姿势为双肘屈曲夹紧身体，前臂自然下垂。保持躯干稳定，缓慢伸肘至手臂完全伸直，然后缓慢回到起始位置。

（二）身后弹力带伸肘

站姿，弹力带固定在身后，双手上举。起始姿势为肘关节屈曲，双手握弹力带。保持躯干稳定，缓慢伸肘至手臂完全伸直，然后缓慢回到起始位置。

四、功能和阻力的联合增加

（一）俯身哑铃伸肘

双腿微屈膝，上身保持平直，躯干往前倾，双手握哑铃。起始姿势为肘关节屈曲夹紧身体，前臂自然下垂。保持躯干稳定，缓慢伸肘至手臂完全伸直，然后缓慢回到起始位置。

（二）无轨迹训练器伸肘

站立位，起始姿势为双手握住把手下拉，同时双肘夹紧身体。保持躯干稳定，缓慢伸肘至手臂完全伸直，然后缓慢回到起始位置。

自学内容

一、对多个肌群增加阻力、挑战核心稳定性

（一）窄距俯卧撑

双手支撑俯卧，双手距离略窄于肩。保持脊柱、颈部和肩部稳定的中立位，肘关节紧靠身体缓慢屈曲使身体下降至胸口贴近地面后撑起。

（二）窄距双杠臂屈伸

两臂支撑在双杠上，躯干和上肢与双杠垂直。肘关节慢慢弯曲，同时肩关节伸屈，使身体逐渐下降至最低位置后两臂用力撑起。

二、加入平衡，增加功能性挑战，速度（或）和旋转运动

（一）瑞士球窄距俯卧撑

双手支撑在瑞士球背面，双手距离略窄于肩。保持脊柱、颈部和肩部稳定的中立位，肘关节紧靠身体缓慢屈曲使身体下降至胸口贴近瑞士球后撑起。

（二）前弓步无轨迹器械冲拳

前弓步站立，单手握把手，肘关节紧靠身体。保持髋关节和躯干稳定，向前伸肘至手臂伸直后缓慢回到起始位置。

第七节　前锯肌的功能训练

前锯肌的主要功能是使肩胛骨前伸和上回旋，还可与斜方肌共同作用使上臂上举到垂直部位。

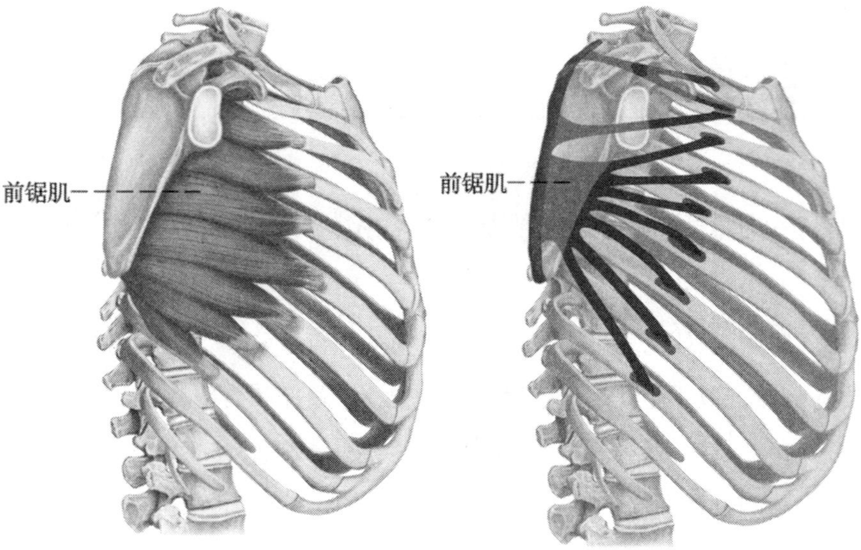

前锯肌

面授内容

一、第一级：肌肉独立训练

（一） 坐位上肢有支撑前伸训练

坐位，肩关节屈曲 90°支撑于前方桌面上。躯干与桌沿平行，躯干保持正直，练习侧上肢完全放松，以减少其他稳定肌的参与。在完全的关节活动范围内缓慢前伸肩胛骨，稳定地、有控制地收缩前锯肌。

（二） 仰卧位上肢前伸训练

仰卧位，躯干紧贴于床面，练习侧上肢前屈 90°，垂直于床面。起始时练习侧肩胛骨紧贴于床面，在全范围内缓慢地前伸肩胛骨使上肢向上方移动。

二、第二级：肌肉独立抗阻训练

（一） 仰卧位上肢负重前伸训练

仰卧位，躯干及四肢紧贴于床面，练习侧上肢前屈 90°，垂直于床面。起始时练习侧肩胛骨紧贴于床面，手握哑铃，在全范围内缓慢地前伸肩胛骨使上肢向上方移动。

（二） 坐位上肢无支撑前伸训练

坐位，前方无任何物体支撑，躯干保持正直，练习侧上肢肩关节屈曲 90°。在完全的关节活动范围内缓慢前伸肩胛骨，稳定地有控制地收缩前锯肌。也可依据具体情况手持哑铃以增加难度。

三、第三级：加入功能训练体位

（一） 站立位推墙训练

站立位，面向墙面站立，躯干与墙面平行，练习侧上肢屈曲 90°，肘关节伸直，掌心贴于墙面，起始时肩胛骨后缩，缓慢地推墙使肩胛骨前伸，躯干远离墙面。

（二） 瑞士球上的上肢前伸训练

坐在瑞士球上，骨盆、脊柱、肩胛骨和颈部在中立位保持良好的对齐，身体负重在坐骨结节处，双脚平放踩地。保持骨盆和躯干的稳定，练习侧上肢前屈 90°，在全范围内缓慢地前伸肩胛骨。

四、第四级：功能和阻力的联合增加

（一） 瑞士球上的上肢负重前伸训练

坐在瑞士球上，骨盆、脊柱、肩胛骨和颈部在中立位保持良好的对齐，身体负重在坐骨结节处，双脚平放踩地。保持骨盆和躯干的稳定，练习侧上肢前屈 90°，手持哑铃，缓慢地前伸肩胛骨至最大范围。

（二） 瑞士球上持壶铃上举

坐在瑞士球上，骨盆、脊柱、肩胛骨和颈部在中立位保持良好的对齐，身体负重在坐骨结节处，双脚平放踩地。保持骨盆和躯干的稳定，练习侧手持壶铃，缓慢上举至最大范围。

自学内容

一、第五级：对多个肌群增加阻力，挑战核心稳定性

（一） 双臂上台阶

起始时由手和膝支撑，髋部和骨盆在膝关节前方，使上肢承担更多的体重。紧挨着一个高 20～30 厘米的平台或台阶。整个过程保持肘关节伸直，一只手放在平台上，另一只手放在前一只手的旁边，双手支撑向上推起身体，背部拱起像“猫”（肩胛骨前伸）。一次完成后双手依次回到地面。

（二） 振动杆训练

手持振动杆站立，练习侧肩关节前屈 90°，肘关节伸直，保持下肢、躯干及肩关节的稳定，保持一定节奏快速振动。

二、第六级：加入平衡，增加功能性挑战、速度和（或）旋转运动

（一） 平衡垫上的振动杆训练

手持振动杆站立于平衡垫上，练习侧肩关节前屈 90°，肘关节伸直，保持下肢、躯干及肩关节的稳定，振动并保持平衡。

（二） 弹力带双臂上台阶

起始时由手和膝支撑，髋部和骨盆在膝关节前方，使上肢承担更多的体重。紧挨着一个高 20～30 厘米的平台或台阶，双手间套一个弹力环。整个过程保持肘关节伸直，一只手放在平台上，克服弹力慢慢地、有控制地将另一只手放在前一只手的旁边，同时保持轻微张力，双手支撑向上推起身体，背部拱起像“猫”（肩胛骨前伸）。一次完成后双手依次回到地面。

第八节　斜方肌的功能训练

斜方肌上束的主要功能是使肩胛骨上提和上回旋；
斜方肌中束的主要功能是使肩胛骨后缩，两侧斜方肌同时收缩可使肩胛骨后缩；
斜方肌下束的主要功能是使肩胛骨下沉和下回旋。

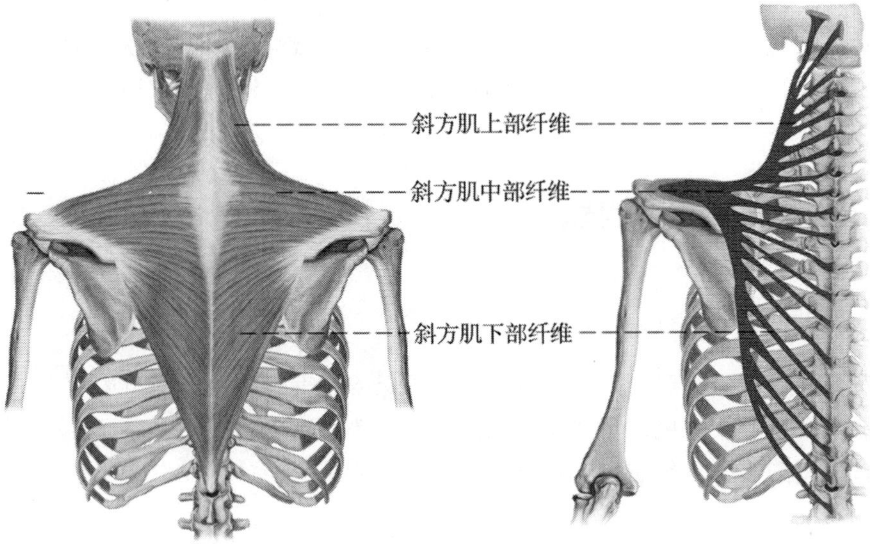

斜方肌

面授内容

一、第一级：肌肉独立训练

（一）仰卧位耸肩练习（斜方肌上束）

此训练主要针对斜方肌上束。仰卧位，躯干保持正直，头颈部保持中立位，上肢放松置于躯干两侧，手心向下。平稳地耸起两肩接近耳侧。

（二）俯卧展臂（T字）动作（斜方肌中束）

此训练主要针对斜方肌中束的训练。仰卧位，身体放松，双臂放于床边两侧，垂直于地面；双手握拳，拇指外展至90°，指尖朝上指向天空，双臂同时抬起至躯干水平位，此时肩关节与躯干应保持90°夹角，成T字型。可静力保持数秒，也可将此位置作为起始位置，盂肱关节收紧，然后收缩双侧肩胛骨，向脊柱中心靠拢，然后在缓慢落下回到水平位置。

（三）仰卧位内收肩关节（斜方肌下束）

此训练主要针对斜方肌下束。仰卧位，躯干、头颈部保持中立位，肩关节外展45°，上肢放松置于床面，手心向下。沿着肱骨长轴牵引肩关节，同时内收肩关节，缓慢地活动肩关节。

二、第二级：肌肉独立抗阻训练

（一）仰卧位抗阻耸肩（斜方肌上束）

此训练主要针对斜方肌上束。仰卧位，躯干保持正直，头颈部保持中立位，肘关节伸直，上肢放松置于躯干两侧，足底套一根弹力带，双手抓握弹力带的两端放于大腿两侧，克服弹力带的阻力平稳地耸肩接近耳侧。

（二）俯卧抗阻展臂（T字）动作（斜方肌中束）

此训练主要针对斜方肌中束的训练。仰卧位，身体放松，双臂放于床边两侧，垂直于地面；双手握哑铃（2磅起始），拇指外展90°，指尖朝上指向天空，双臂同时抬起至躯干水平位，此时肩关节与躯干应保持90°夹角，成T字型。可静力保持数秒，也可将此位置作为起始位置，盂肱关节收紧，收缩双侧肩胛骨，向脊柱中心靠拢，然后再缓慢落下回到水平位置。

（三）仰卧位抗阻内收肩关节（斜方肌下束）

此训练主要针对斜方肌下束。治疗师站于练习侧，与患者相距一定距离，手持一根弹力带。患者仰卧位，躯干、头颈部保持中立位，肩关节外展45°，上肢放松置于床面，练习侧手抓住弹力带的另一端。克服弹力带的阻力，缓慢地内收肩关节。

三、第三级：加入功能训练体位

（一）站立位负重耸肩（斜方肌上束）

站立位，脊柱、颈部和肩胛骨保持中立位。手心向后抓握哑铃放于身体两侧，平稳地最大范围耸肩。

（二）站立位展臂（T字）动作（斜方肌中束）

此训练主要针对斜方肌中束的训练。站立位，腰椎绷紧，然后微微弯腰同时屈髋屈膝，使躯干上部与地面约成45°~60°角，双手依然紧握，拇指外展90°，指尖朝向身后，双臂伸直与肩同高，成T字型；然后收缩双侧肩胛骨，向脊柱中心靠拢，再缓慢落下回到水平位置。

（三）站立位抗阻内收肩关节（斜方肌下束）

站立位，躯干、头颈部保持中立位，肩关节外展45°。将弹力带的一端固定在与练习侧肩同高的位置，练习侧手抓住弹力带的另一端。克服弹力带的阻力，缓慢地内收肩关节。

四、第四级：功能和阻力的联合增加

（一）瑞士球上负重直臂侧上举（斜方肌上束）

坐在瑞士球上，骨盆、脊柱、肩胛骨和颈部在中立位保持良好的对齐，体重由坐骨结节支撑，双脚放在地面上。保持骨盆和躯干的稳定，练习侧手持哑铃，沿额状面缓慢地上举至最大范围。

（二）瑞士球上展臂（T字）动作（斜方肌中束）

此训练主要针对斜方肌中束的训练。仰卧在瑞士球上，腹部与球接触支撑，腰、髋、膝和足尖保持一条直线。双手依然紧握，拇指外展90°，指尖朝向身后，双臂始终保持伸直状态，外展双肩呈T字型；然后再收缩双侧肩胛骨，向脊柱中心靠拢，再缓慢落下回到水平位置。

（三）瑞士球上滑轮抗阻内收肩关节（斜方肌下束）

坐在瑞士球上，骨盆、脊柱、肩胛骨和颈部在中立位保持良好的对齐，体重由坐骨结节支撑，双脚放在地面上。保持骨盆和躯干的稳定，肩外展45°，练习侧手抓滑轮自由端，克服阻力缓慢地、内收肩关节。

自学内容

一、第五级：对多个肌群增加阻力，挑战核心稳定性

（一） 中握距引体向上

双手用中握距正握单杠，两脚离地，身体自然下垂，肘关节伸直。上拉时意念集中于斜方肌，将身体尽可能拉高，核心收紧控制身体不要摆动，到达最大高度后，停顿 1 秒，然后缓慢地、有控制地使身体下垂。

（二） 无轨迹滑轮屈肘扩胸

站立在无轨迹滑轮器材面前，身体位于器材中心线且面向器材。起始姿势为手臂保持伸直状态，肩关节屈曲 90°。双手掌心朝下，握住器械杆。然后将器械杆向身体拉近，肘关节做屈曲运动，肩关节做水平外展运动，并始终保持手臂的水平位置不变。到达肩关节外展终末端后，同时收缩双侧肩胛骨。然后再缓慢回到起始姿势。

（三） 无轨迹滑轮对角下拉

站立位，滑轮固定在超过头的上方，身体站立在偏侧且面向无轨迹滑轮。离训练器材较远的手臂上举拉住训练器把手，此时手臂应呈现上举内收位置。然后向对角线的方向下拉滑绳。到达最远点后再缓慢回到起始位置。此动作要求在进行对角线下拉时，保持呼吸均匀，核心区肌肉收紧，不要出现骨盆转动。

二、第六级：加入平衡，增加功能性挑战、速度和（或）旋转运动

（一） 弓箭步负重直臂侧上举

弓箭步，前足踩在平衡垫上。前方下肢屈髋屈膝 90°，后侧下肢屈膝 90°。核心收紧，保证上身挺直。躯干、头颈部中立位，双手握哑铃，缓慢地沿额状面上举，到最大范围后停顿 1 秒，再缓慢地、有控制地沿原轨迹放下。整个过程要维持平衡，避免晃动。

（二） 对角线转体抛接球

站立位，进行对角线加转体运动的抛接球运动。

第九节　肩袖的功能训练

肩袖是指由冈上肌、冈下肌、小圆肌、肩胛下肌 4 块肌肉的肌腱所组成彼此相连的腱板，并与关节囊紧密相连的一种结构。冈上肌的主要功能是使上臂外展，冈下肌的主要功能是使上臂外旋、内收和后伸，小圆肌的主要功能是使上臂外旋、内收和后伸，肩胛下肌的主要功能是使上臂内旋、内收和后伸。肩袖是主要的肩关节稳定肌群，使肩关节回旋和外展。

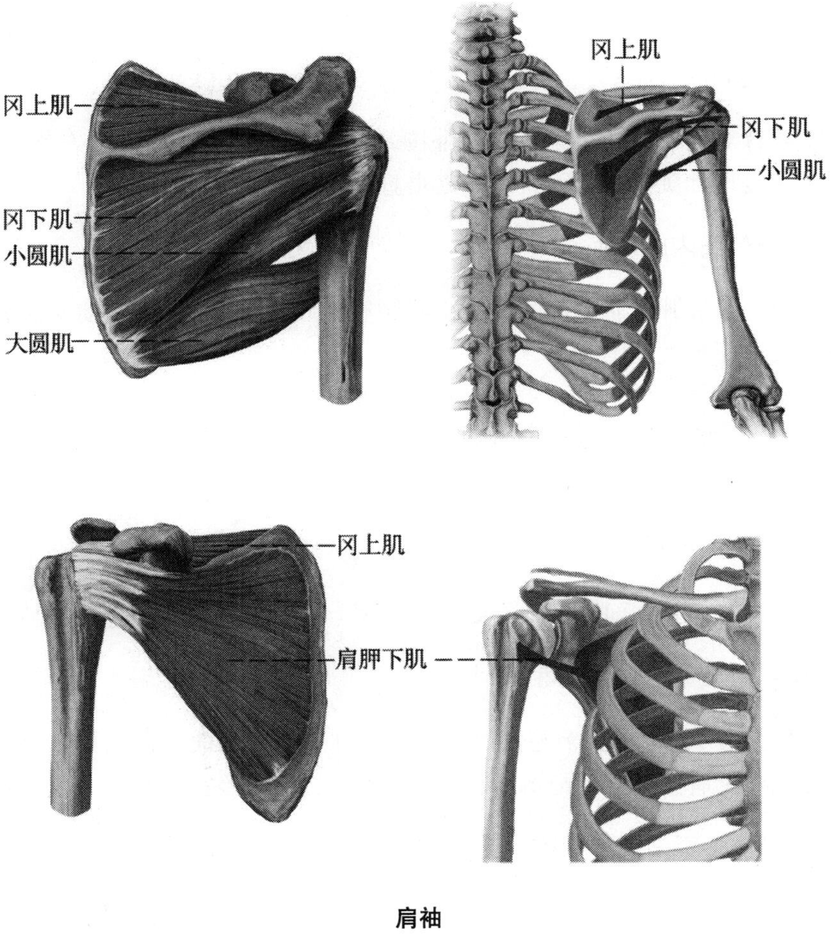

肩袖

面授内容

一、第一级：肌肉独立训练

（一） 仰卧位肩外展训练

此训练主要针对冈上肌。仰卧位，肘关节伸直，前臂内旋手心朝向大腿，肩关节缓慢地外展至45°。

（二） 侧卧肩外旋训练

此训练主要针对冈下肌和小圆肌。侧卧位，上臂内侧夹毛巾卷，肘关节屈曲90°并置于腹部位置。缓慢地外旋肩关节，直到接近垂直位。

（三） 仰卧位肩内旋训练

此训练主要针对肩胛下肌。仰卧位，练习侧肩外展90°，肘关节屈曲90°并贴于床面，缓慢地内旋肩关节至最大范围。

二、第二级：肌肉独立抗阻训练

（一） 侧卧位负重肩外展训练

侧卧位，肘关节伸直，前臂内旋手心朝向大腿，手持哑铃，肩关节缓慢地外展至45°。

（二） 俯卧位负重肩外旋训练

俯卧位，肩外展90°，肘关节屈曲90°，手臂向下垂直地面，拇指朝向身体，手持哑铃。最大范围地外旋肩关节直到与地面近似平行。

（三） 仰卧位负重肩内旋训练

仰卧位，练习侧肩外展90°，肘关节屈曲90°并贴于床面，手持哑铃，缓慢地内旋肩关节至最大范围。

三、第三级：加入功能训练体位

（一）站立位负重肩外展训练

站立位，上肢手心朝内贴于身体两侧，手持哑铃，肩关节缓慢地外展至45°。

（二）站立位负重肩外旋训练

站立位，肘关节屈曲90°，前臂旋前手心朝向对侧，手持哑铃，在最大范围内缓慢地外旋肩关节。

（三）站立位负重肩内旋训练

站立位，肘关节屈曲90°，手持哑铃，起始时处于肩关节最大外旋位，缓慢地最大范围内旋肩关节。

四、第四级：功能和阻力的联合增加

（一）站立位抗阻肩外展

双手自然放置站立，练习侧上肢手抓弹力带一端，另一端踩于练习侧脚下。克服弹力带阻力缓慢地外展肩关节至45°。

（二）站立位抗阻肩外旋

双手自然放置站立，上臂内侧夹毛巾卷，屈肘90°后手臂应在最大内旋位。在对侧约手腕高度固定一根弹力带，手持弹力带的另一端。克服弹力带阻力最大范围外旋肩关节。

（三）站立位抗阻肩内旋

双手自然放置站立，上臂内侧夹毛巾卷。在运动侧手腕的高度固定一根弹力带，手持弹力带的另一端。屈肘90°，从肩关节旋转中立位开始，缓慢地克服阻力内旋肩关节。

自学内容

一、第五级：对多个肌群增加阻力，挑战核心稳定性

（一） 瑞士球上抗阻肩外展

坐在瑞士球上，骨盆、脊柱、肩胛骨和颈部在中立位保持良好的对齐，体重由坐骨结节支撑，双脚放在地面上。保持骨盆和躯干的稳定，练习侧上肢手抓弹力带一端，另一端踩于练习侧脚下。克服弹力带阻力缓慢地外展肩关节至45°。

（二） 瑞士球上抗阻肩外旋

坐在瑞士球上，骨盆、脊柱、肩胛骨和颈部在中立位保持良好的对齐，体重由坐骨结节支撑，双脚放在地面上。保持骨盆和躯干的稳定，上臂内侧夹毛巾卷。屈肘90°后手臂应在最大内旋位。在对侧约手腕高度固定一根弹力带，手持弹力带的另一端。克服弹力带阻力在最大范围内外旋肩关节。

（三） 瑞士球上抗阻肩内旋

坐在瑞士球上，骨盆、脊柱、肩胛骨和颈部在中立位保持良好的对齐，体重由坐骨结节支撑，双脚放在地面上。保持骨盆和躯干的稳定，上臂内侧夹毛巾卷。在运动侧手腕的高度固定一根弹力带，手持弹力带的另一端。屈肘90°，从肩关节旋转中立位开始，缓慢地克服阻力内旋肩关节。

二、第六级：加入平衡，增加功能性挑战、速度和（或）旋转运动

（一） 单腿平衡站立位抗阻肩外展

单腿站于平衡垫上，将弹力带的一端固定在练习侧下方地面上，克服弹力带的阻力缓慢地外展肩关节至45°，整个过程保持平衡。

（二） 单腿平衡站立位90°/90°抗阻肩外展

单腿站于平衡垫上，练习侧上肢在肩胛骨平面屈曲90°，屈肘90°，手心向下。在对侧大约与练习侧腕关节的高度固定一根弹力带，练习侧手抓住弹力带的另一端。从肩关节的完全内旋位开始，缓慢地克服弹力带阻力最大范围地外旋肩关节。

（三）单腿平衡站立掷球

距离墙面 30 厘米单腿站于平衡垫上，肩关节外展 90°，屈肘 90°。练习侧手握一个约 1 千克的有弹性的医疗球，在前臂垂直位开始有力地对墙掷球，接住反弹回来的球。

第十节　常见上肢损伤的渐进性功能锻炼

面授内容——肩峰下撞击综合征

肩峰下撞击综合征和肩袖肌腱有关，当冈上肌腱、冈下肌腱、肱二头肌肌腱及相关的肩峰下滑囊发生炎症或退行性变并占据肩峰下腔隙时，就会出现肩峰下撞击综合征。肩峰下撞击综合征会降低肩部的功能，限制肌肉自主活动范围并影响肩胛骨和肱骨之间活动的协调性。肩峰下撞击综合征的康复目标和措施，见表 2－1。

肩峰下撞击综合征以保守治疗为主，主要是改善肩袖和肩胛骨稳定肌功能的训练。若采取手术治疗，在术后还是要根据保守治疗的原则和方法，并且强调肩关节活动范围和神经肌肉控制能力的重新锻炼。康复的时间一般在 6～12 月，时间的长短取决于患者的实际情况和重返的活动及类型。

表 2－1　肩峰下撞击综合征的康复目标和措施

	目标	措施
急性期	消除肿胀	PRICE 原则
康复期	减轻疼痛，改善活动范围 增强肌力，稳定肩胛骨 改善神经肌肉控制 整体改变肩带的动作方式	练习、牵拉、冰敷 渐进性功能训练（1～4 级） 在疼痛允许范围内练习
预后期	整体恢复肩带的正常动作模式 恢复正常的活动范围 增强神经肌肉控制 预防再次损伤	渐进性功能训练 5～6 级 专项训练

自学内容

一、创伤后肩关节不稳

肩关节不稳是指肩关节在运动状态下的盂肱关节相对错位或脱位。第一次脱位后，一些运动员会在同一个关节上反复脱位，创伤及肩关节处于外旋和外展的易损位置都能引起这种脱位。创伤后肩关节不稳的康复目标和措施，见表 2－2。

在损伤的前 6 周，要限制大于 0°的外旋和大于 90°的外展，以保护早期愈合期间已修复的组织结构。这个时期可以进行三角肌、肩袖肌群的肌肉独立训练，从等长运动逐渐过渡到等张运动。随后，要重新进行关节活动度的训练、神经肌肉控制功能和力量练习。这个阶段可以在功能体位下进行，如深蹲位、弓步蹲位等，最后过渡到渐进性功能训练的最高级形式，具体的功能体位取决于专项运动项目和类型，功能动作应符合专项动作，这样才能保证训练的针对性和高效性，从而为重返赛场做准备。一般情况下，运动员在 3～6 个月后能完全恢复活动。

表 2－2　创伤后肩关节不稳的康复目标和措施

	目标	措施
急性期	消除肿胀	PRICE 原则
康复期	减轻疼痛 改善关节活动度 增强肩关节肌肉力量 增强神经肌肉控制	练习、牵拉、冰敷 在疼痛允许范围内练习 渐进性功能训练（1～4 级）
训练期	回归赛场达到损伤前水平 预防再次损伤	渐进性功能训练（5～6 级） 专项训练

二、肩袖损伤

目前认为，肩袖损伤主要是退变外伤性机制和撞击机制联合作用。在以上肢运动和冲撞为主的体育运动中，肩袖损伤的发病率最高，如投掷、排球、划船、举重、橄榄球和足球等。

根据肩袖损伤厚度与正常肩袖厚度的比例，可将肩袖损伤分为：Ⅰ度，损伤厚度 < 25%；Ⅱ度，损伤厚度 < 50%；Ⅲ度，损伤厚度 > 50%。肩袖损伤康复的目标和措施，见表2－3。

急性损伤会造成肩袖周围的功能障碍，肩关节的疼痛和肿胀很容易改变肩肱协调性。为了防止这点，避免运动员改变动作模式，个性化的康复训练是十分必要的，除了肌肉的力量和肩关节活动度外，良好的肩肱节律也是康复过程的重点。

肩袖作为肩关节旁的稳定肌群，对肩胛带的功能十分重要。在肩袖损伤的康复训练中，最好的方式是在整个渐进性功能训练期间采用低负荷（小于最大重复用力的 30%）和多次重复的训练方法。在早期，应最大限度地使肌肉独立活动，一旦疼痛减轻，活动度有改善，应在保证肩胛骨稳定的前提下以大动作方式训练肩袖肌肉。当康复训练进阶后，肩袖肌肉的离心训练也很重要。因此，对肩袖肌群的损伤，原则上先从渐进性功能训练的第一级开始，进行肩袖肌群独立训练，在肌力达到一定程度后，加入功能体位的肩袖肌群力量练习，包括肩胛下肌、冈上肌、冈下肌和小圆肌。此外也要兼顾肩关节临近关节的肌肉力量练习，如肱二头肌和肱三头肌的力量训练。对运动人群，最后逐渐过渡到渐进性功能训练的第 4、第 5、第 6 级阶段。

表 2－3　肩袖损伤的康复目的和措施

	目标	措施
急性期	消除肿胀	PRICE 原则
康复期	减轻疼痛 改善活动范围 整体改变肩带的动作方式 • 增强肩袖力量 • 稳定肩胛骨	可能需要短期固定 练习、牵拉、冰敷 在疼痛允许范围内练习 渐进性功能训练（1～4 级）
训练期	整体恢复肩带的正常动作模式 回归赛场达到损伤前水平 预防再次损伤	渐进性功能训练（5～6 级） 专项训练

三、肩肱节律异常

肩肱节律异常在肩关节的损伤中较为常见，肩肱节律的异常通常是由于斜方肌上束与斜方肌下束及前锯肌三者之间的协调工作失衡所引起，常见的原因是斜方肌上束过度激活，而斜方肌下束和前锯肌激活不足，从而导致在肩部外展直至过头的过程中出现肩胛骨和肱骨头的不协调运动。因此，针对肩肱节律异常的问题，其渐进性功能康复的内容如下：

（一）从渐进性功能康复的第 1 级开始，首先增强斜方肌上束和前锯肌的肌肉力量，通过独立的肌肉力量训练，为后期的功能性训练做准备。

（二）当斜方肌和前锯肌的力量进一步增强后，逐渐加入功能体位，提高二者在功能体位下的参与性。这一阶段，可进行渐进性功能训练的 3、4 级训练。

（三）当两者在功能性体位下可以较好地控制动作并完成抗阻运动时，可过渡到渐进性功能性康复的第 5、第 6 级，这个阶段着重于动作模式的训练，旨在功能体位或专项动作下实现斜方肌上、下束及前锯肌的协调运动。

思考题

1. 胸大肌常见的渐进性功能康复动作有哪些?
2. 设计一个肩袖肌群损伤后的渐进性功能康复方案。
3. 肩袖的渐进性功能训练还有哪些?
4. 以投掷项目的肩袖损伤为例，设计一个渐进性功能训练的方案。
5. 上肢不同部位的渐进性功能康复的异同点，在进行康复方案设计时需要注意的问题?

第三章　核心区渐进性功能训练

本章教学提示

核心区渐进性功能训练针对核心区域功能较差及急慢性腰腹部运动损伤康复的训练。本章以核心区整体原动肌和局部稳定肌为主体，介绍了腰腹部主要运动肌群、稳定肌群的渐进性功能训练，并介绍了整体原动肌和局部稳定肌渐进性功能训练在运动损伤中的应用，使学生通过核心区渐进性功能训练在具体损伤中的应用，理解和掌握核心区渐进性功能训练的应用思路和操作。

核心部位的肌肉按功能可划分为整体原动肌和局部稳定肌。整体原动肌主要是浅层的肌肉，负责引起及维持躯干的整体运动肌，特点是肌肉大而长，收缩时会引起躯干的屈、伸、旋转，控制脊柱的运动，并抵抗外来负荷。而局部稳定肌多位于深层，主要是维持躯干、骶髂之间的稳定性。

第一节　腹直肌、腹内外斜肌的功能训练

腹直肌的主要功能是屈曲脊柱，使胸廓和骨盆相互靠近。腹外斜肌和腹内斜肌的主要功能包括屈曲、旋转和侧向屈曲脊柱。

需要注意，在此出现的腹部肌群的训练方法，其主要的运动肌群是腹直肌、腹外斜肌和腹内斜肌，或者一起共同作用。当练习时在卷腹发力呼气或向内压紧腹壁时可能会用到腹横肌。

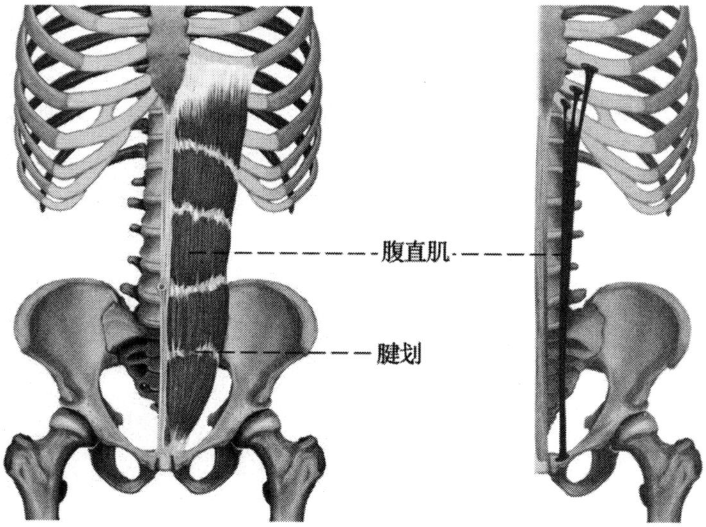

腹直肌

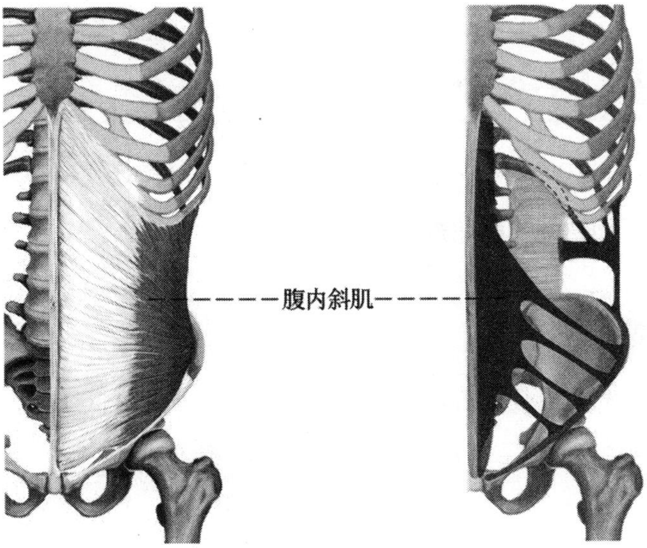

腹内斜肌

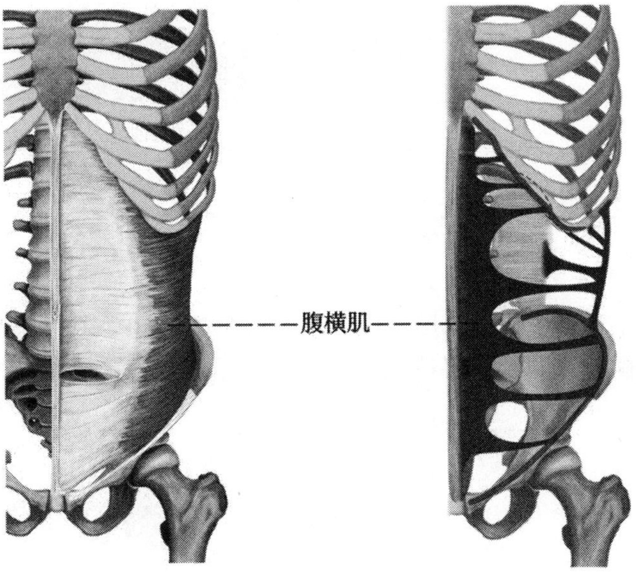

腹外斜肌

面授内容

一、第一级：肌肉独立训练

（一）卷　腹

仰卧，双脚放在长凳上使腰部压力最小化。躯干卷曲大约30°～40°，头部、颈部和脊柱保持在一条直线上。（图3－1）

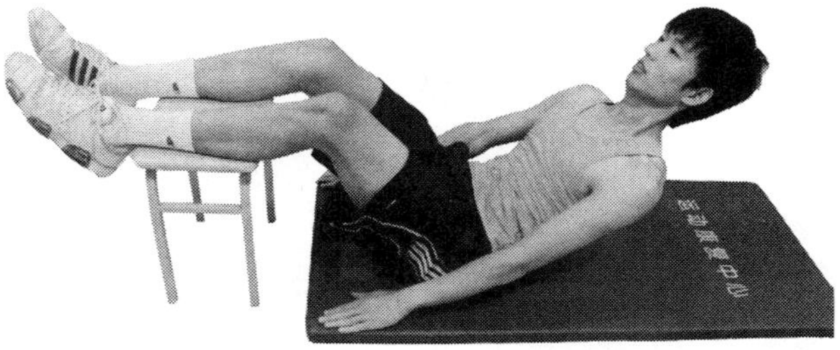

图3－1　卷腹

（二）斜卷腹

仰卧，双脚放在长凳上使腰部压力最小化。躯干卷曲大约30°～40°，移向对角线方向运动，即肋部向对侧髋部移动。保持髋部和腿部不动，头部、颈部和脊柱在一条直线上。（图3－2）

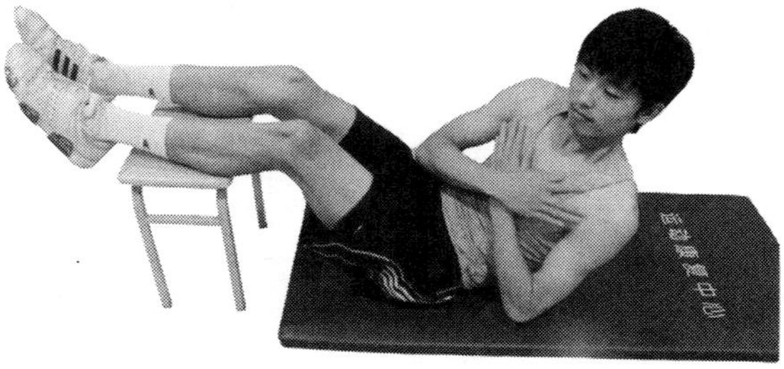

图3－2　斜卷腹

二、第二级：肌肉独立抗阻训练

（一）增加难度的卷腹

仰卧，双脚放在长凳上或悬空，膝关节屈曲。双手放在耳后或头后以增加杠杆长度，可以稍稍增加练习的难度。躯干卷曲大约30°~40°，头部、颈部和脊柱在一条直线上。下颌和胸部保持一拳的距离。（图3-3）

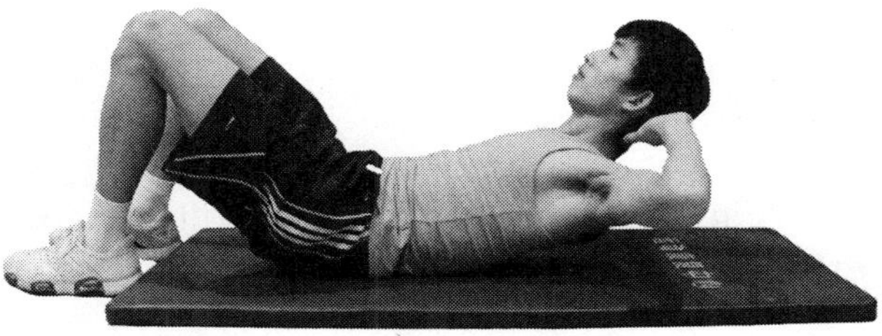

图3-3　增加难度的卷腹

（二）极限卷腹

仰卧，双脚悬空，双手放在耳或头后。脊柱两端一起卷曲，使胸廓和骨盆相互靠近。保持头部、颈部和脊柱在一条直线上，避免腿部摇晃。保持髋关节屈曲角度，同时进行脊柱屈曲以训练腹直肌。（图3-4）

图3-4　极限卷腹

三、第三级：加入功能训练体位

注意：腹部主要运动肌群的渐进性功能训练不包括第三级。在站位或坐位很难简单地训练到腹部肌群。一些抗阻练习必须加上足够的负荷，这一步在第四级练习中进行。只有一些特殊的情况，如妊娠三个月之后的孕妇，不适合在仰卧位进行练习，可以选择无阻力的站位练习。

四、第四级：功能和阻力的联合增加

（一）滑轮上的跪位卷腹

从颈部两侧握住绳子或布带，跪立并保持髋部、腿部和骨盆的稳定，进行脊柱屈曲运动，使肋骨向骨盆方向运动。呼气时收缩腹壁。(图3－5)

（二）站位抗阻斜卷腹

背对训练器站立并保持整个下肢稳定，保持膝关节自然直立。收紧臀部防止髋关节屈曲。呼气，腹壁收紧并进行躯干上部的对角线运动，头部、颈部和脊柱保持在一条直线上。(图3－6)

图3－5　滑轮上的跪位卷腹

图3－6　站位抗阻斜卷腹

自学内容

一、第五级：对多个肌群增加阻力，挑战核心稳定性

（一） 自行车练习

仰卧，上部躯干卷曲至脊柱屈曲 30°～40°，保持头部、颈部和脊柱在一条直线上。保持这个位置并有控制地慢慢的运动，交替屈曲两侧的髋关节和膝关节，同时旋转上部脊柱。保持骨盆和下背部在地板上的稳定。（图 3－7）

图 3－7　自行车练习

（二） 一侧下肢抬起的仰卧体前屈

仰卧，抬起一侧下肢，同时保持对侧膝关节屈曲，脚放在地面上。上部躯干卷曲至脊柱屈曲 30°～40°，双手向前伸触摸胫骨、踝或足。保持骨盆和下背部稳定，避免左右摇晃或利用惯性。（图 3－8）

图 3－8　一侧下肢抬起的仰卧体前屈

二、第六级：加入平衡，增加功能性挑战、速度和（或）旋转运动

（一） 瑞士球上的卷腹

这个练习可以在多个体位下进行：上倾（较简单），平行于地面或下倾（较困难）。可以由双脚更加并拢来增加练习的难度。如果存在背部问题应避免背部在球上伸展太远。双手放在头后支持头部，注意颈部和脊柱保持在一条直线上，下颌和胸部保持一拳的距离（图 3 –9）。

图 3 –9 瑞士球上的卷腹

（二） 坐姿持实心球左右转体

坐位，双膝屈曲 90°，双手持实心球于胸前，做左右旋转的动作。（图 3 –10）

图 3 –10 坐姿实心球左右转体

第二节　竖脊肌、腰方肌的功能训练

竖脊肌的主要功能是伸展脊柱，是由骶骨延伸至头颅的一群肌肉，包含外侧的髂肋肌、中间的最长肌和内侧的棘肌，相对于腹肌，其主要的功能是伸展躯干，使脊椎维持在稳定的状态下。当躯干做屈曲运动时，竖脊肌担任缓冲的角色，利用离心收缩避免脊椎被突然的弯曲。腰方肌是深层多功能肌，腰方肌与竖脊肌协同可使身体保持直立，并完成精细的侧向运动和背伸。

需要注意的是，以下练习应在一个无痛的关节活动度内、缓慢而没有冲击地进行。目前，对练习时在末端是否需要过度伸展、是否应用附加阻力进行练习，存在一定争议。

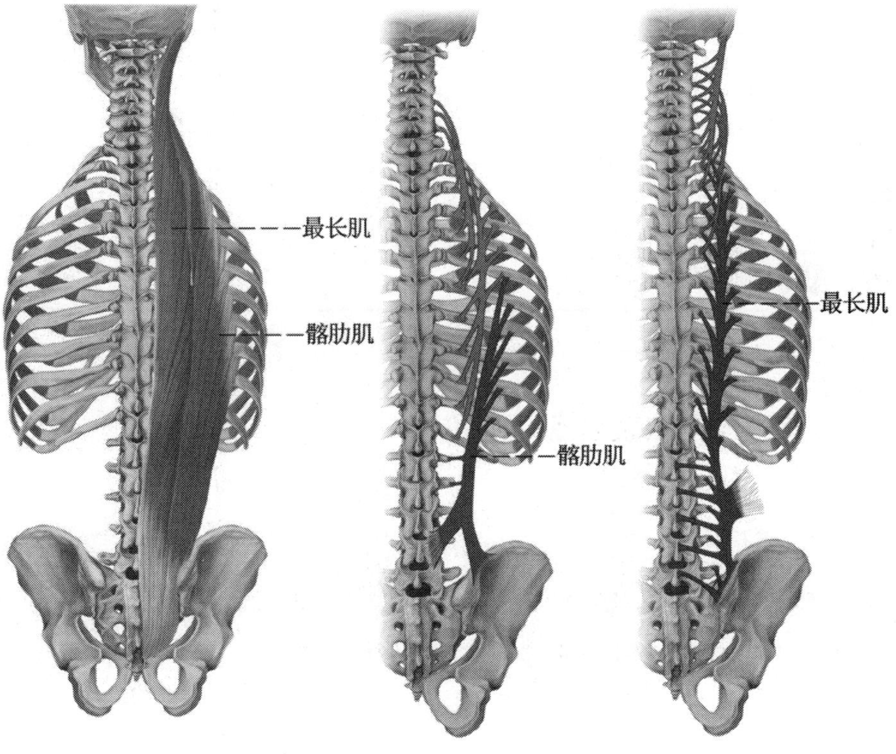

竖脊肌

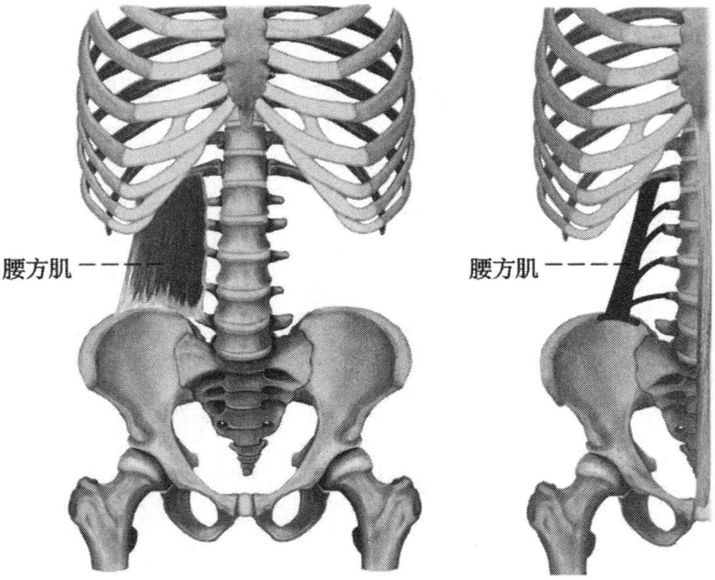

腰方肌

面授内容

一、第一级：肌肉独立训练

（一） 俯卧脊柱伸展

俯卧位，颈部和脊柱在一条直线上，下颌微收。收腹并收紧臀部。髋部和肋部最低处保持在垫子上，抬起躯干上部，同时维持合适的颈部位置。（图 3－11）

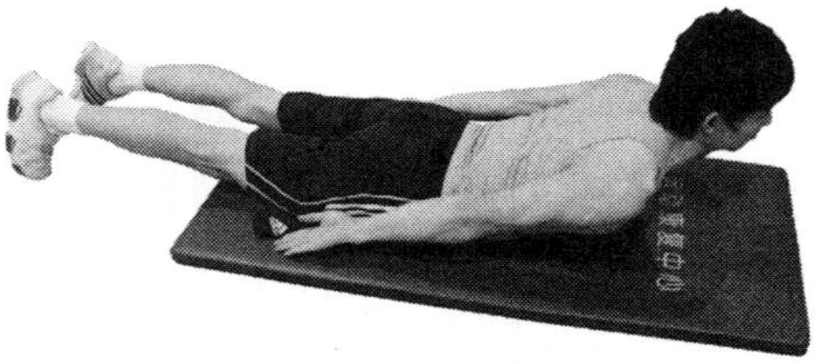

图 3－11　俯卧脊柱伸展

（二）改良俯卧脊柱伸展

俯卧位，颈部和脊柱在一条直线上，下颌微收，手放在靠近肩部的地上。下背部肌群发力，抬起躯干上部，同时肘部滑动到肩部下成支撑位。在控制下慢慢地回到起始位（图3－12）。此外还可以进行背桥等练习，背桥动作将在第三节主要讲解。（图3－13）

图3－12　改良俯卧脊柱伸展

图3－13　背桥

二、第二级：肌肉独立抗阻训练

（一）增强的俯卧脊柱伸展

俯卧位，颈部和脊柱在一条直线上，下颌微收。上肢抬起过头顶以增加杠杆长度和阻力，阻力包括进行练习时需克服的自身重力。髋部和肋部最低处保持在垫子上，抬起躯干上部，同时维持合适的颈部位置。（图3－14）

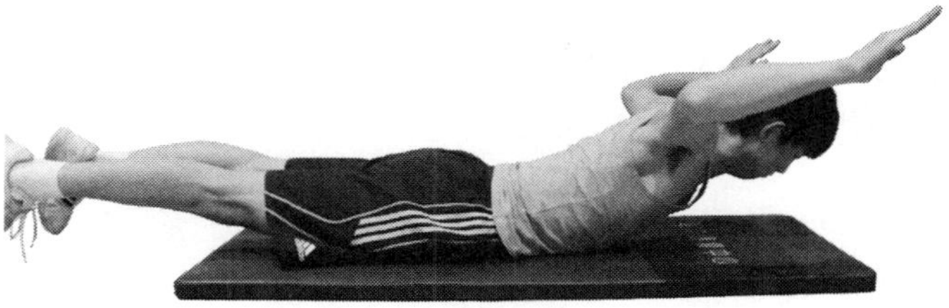

图3－14　增强的俯卧脊柱伸展

（二）俯卧交叉脊柱伸展

俯卧位，颈部和脊柱在一条直线上，下颌微收。维持躯干中部的稳定，平稳地抬起一侧上肢和对侧下肢。头部和脊柱在一条直线上自然地抬起和降低。另一侧重复。（图 3－15）

图 3－15　俯卧交叉脊柱伸展

三、第三级：加入功能训练体位

竖脊肌的渐进性功能训练不包括第三级，站位或坐位很难简单地训练到竖脊肌。一些抗阻练习必须加上足够的负荷，这一步在第四级练习中进行。

四、第四级：功能和阻力的联合增加

（一）训练器上的坐位抗阻脊柱伸展

这个练习有两种训练方式。一种是由脊柱前屈和收腹开始，向后伸展到中立坐位。另一种是由脊柱前屈和收腹开始，向后在舒适的关节活动度内全范围伸展脊柱，通过中立位到过伸位，如果出现任何不适就停止。如果全关节活动范围练习时下背痛造成任何不适，可以限定训练器的活动范围。（图 3－16）

（二）伸展椅练习

站在伸展椅上，脊柱屈曲 45°，在腘绳肌协助下用下背部肌群伸展躯干，练习时可以轻微过伸 10°～15°。（图 3－17）

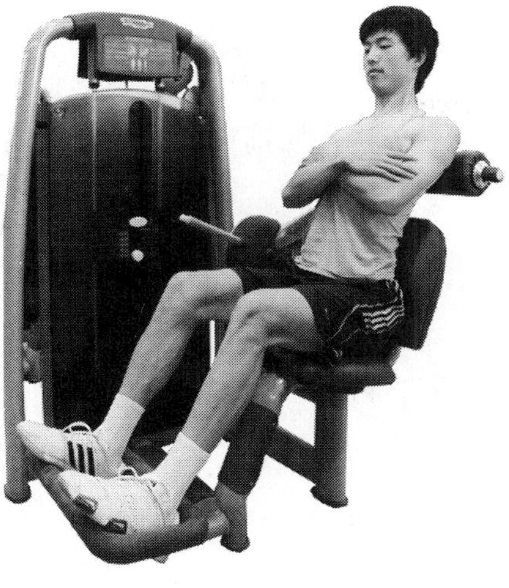

图 3－16　训练器上的坐位抗阻脊柱伸展

图 3－17　伸展椅练习

自学内容

一、第五级：对多个肌群增加阻力，挑战核心稳定性

（一）增强的俯卧脊柱伸展和肩胛骨回缩

俯卧位，颈部和脊柱在一条直线上，下颌微收。上肢抬起过头顶以增加杠杆长度和阻力，阻力包括进行练习时需克服的自身重力。髋部和肋部最低处保持在垫子上，抬起躯干上部，同时维持合适的颈部位置。同时收缩斜方肌中部和菱形肌，回缩肩胛骨。（图 3－18）

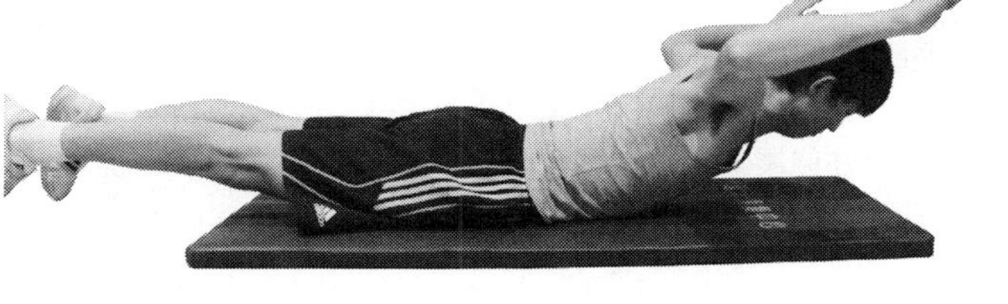

图 3－18　增强的俯卧脊柱伸展和肩胛骨回缩

（二）普拉提式游泳

脚趾点地的俯卧位，腿部伸直，下颌微收，手臂前伸过头顶。一起抬起左侧上肢和右侧下肢，保持脊柱的伸展位和颈部中立位。摆动手臂和腿。髋部和肋部最低处保持在垫子上，以维持躯干稳定。（图 3－19）

图 3－19　普拉提式游泳

二、第六级：加入平衡，增加功能性挑战、速度和（或）旋转运动

（一）瑞士球上的脊柱伸展

俯卧位，瑞士球在腹部。双脚分开增强稳定性，双脚并拢减少稳定性，以此增加平衡挑战。颈部保持中立位，伸展脊柱。通过双手放在耳旁或头顶来增加杠杆长度以增加练习的难度（图 3－20）。为了增加难度，可以只用一侧下肢支持进行脊柱伸展。（图 3－21）

图 3－20　瑞士球上的脊柱伸展

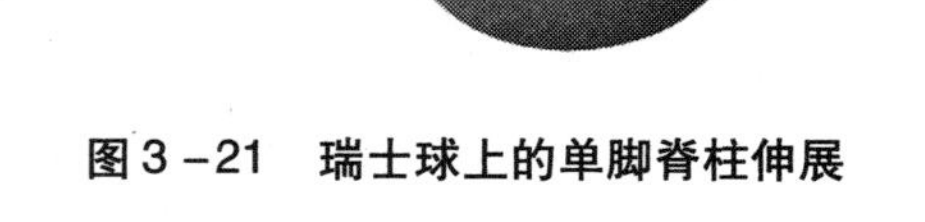

图 3－21　瑞士球上的单脚脊柱伸展

（二）坐姿训练球腹部斜拉训练

端坐于训练球上，踮脚。身体后倾，背部弯曲，保持腹部紧张。单臂向外、向后伸展，躯干挺直。保持3～5秒，并缓慢收回手臂，另侧手重复上述动作。完成动作时训练球不应移动。

（三）训练球俯卧下肢回弯（TUCK）训练

手部支撑身体，呈俯卧撑姿势，训练球置于膝部下方或踝部。通过屈髋、降低腹部向前滚动训练球。保持3～5秒，并缓慢返回。

图3－22－1　训练球俯卧下肢回弯（TUCK）训练

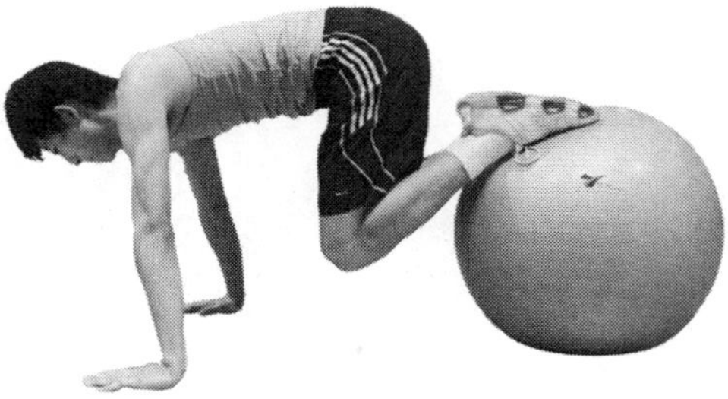

图3－22－2　训练球俯卧下肢回弯（TUCK）训练

第三节　深层核心稳定肌的功能训练

深层核心稳定肌群的主要功能是维持躯干、骶髂之间的稳定性，因此多为分布在脊椎之间、腰骶之间、骶髂之间的小肌群，最主要的是腹横肌和多裂肌，还包括膈肌、盆底肌、横突间肌、棘突间肌、回旋肌、腰大肌后束、腰部的髂肋肌、最长肌及腰方肌的内侧束。其主要特点是肌纤维短、分布在深层，多为单关节、小肌群，以静力收缩或者退让收缩为主。

在运动训练实践中，教练员的着眼点多在产生动力的肌群的力量训练上，如腹直肌、腹内斜肌、腹外斜肌，这容易导致核心区动力肌群和稳定肌群的失衡，使更多的应激施加在维持局部稳定肌群上，运动效率降低且损伤风险增大。

核心区稳定性受多方面的影响，包括力量、本体感觉、关节和韧带的结构等。因此，核心稳定肌群的训练既包括肌肉力量训练，还包括灵活性、协调性、稳定性等的训练。

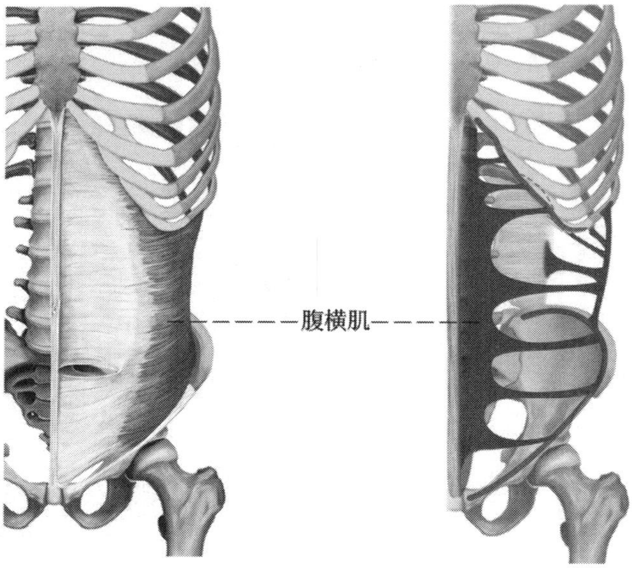

腹横肌

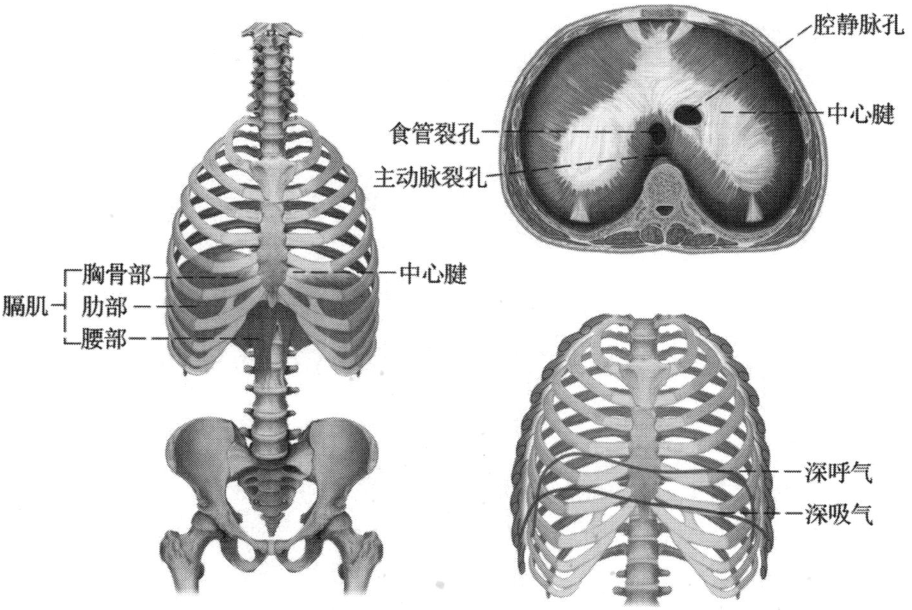

膈肌相对于肋骨的位置

膈肌

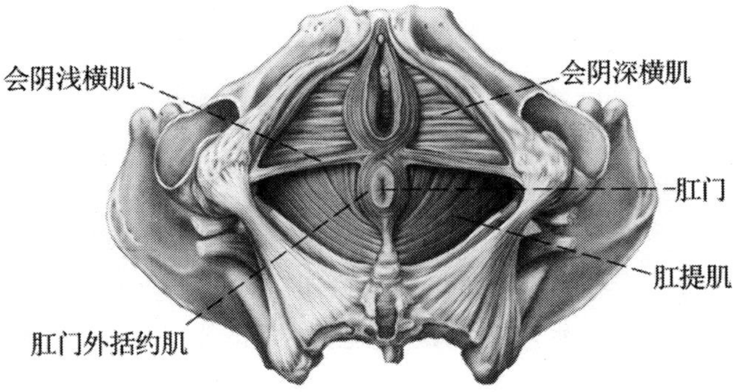

盆底肌

面授内容

一、第一级：肌肉独立训练

通常以简单的徒手动作为主，适用于核心力量练习的初始阶段，目的是使锻炼者深刻体会核心肌群的用力感觉和有效地控制身体，重视对多裂肌和腹横肌的激活训练，强调动作的稳定性和准确性。

（一）腹横肌激活训练

患者仰卧位，屈髋屈膝，双脚支撑地面，骨盆中立位。在正常呼吸、呼气同时，将肚脐拉向脊柱，停留 3 ~5 秒，然后还原，重复动作。主要激活腹横肌。

（二）多裂肌激活训练

患者仰卧位，屈髋屈膝，双脚支撑地面，骨盆中立位。在正常呼吸、呼气同时，将腰部悬空，停留 3 ~5 秒，然后还原，重复动作。主要激活多裂肌。

（三）猫式运动

双手双膝四点支撑跪位，下颌微收，脊柱和骨盆处于中立位。在正常呼吸、呼气同时，将肚脐拉向脊柱，停留 3 ~5 秒，然后缓慢伸展背部，至无痛范围的最大程度，头部可随脊柱的后伸抬起，完成猫式动作。可将一侧手臂或下肢抬起，以增加难度。

二、第二级：肌肉独立抗阻训练

（一）腹　桥

动作要点：双肘分开与肩同宽，肘关节屈曲90°，用前臂撑地，全身拉直，脚尖撑地，肚脐拉向脊柱，坚持到身体极限停止。然后放松俯卧地面，重复动作。这种运动可以经常性地随时随地进行。随着患者水平提高逐渐延长时间。值得注意的是，在整个动作过程中，头、肩、髋、踝呈一条直线，骨盆中立位，后背不弓起，臀部不上翘。

降低难度：将双脚支撑改为双膝支撑，减少阻力臂的长度。治疗师在髋部上抬过程中给予帮助，帮助患者将腰部和骨盆维持在中立位。

（二）背　桥

患者取仰卧位，髋膝关节屈曲，双足底平踏在床面上，臀大肌收紧向上抬起臀部，动作过程中肚脐拉向脊柱。膝、髋、肩呈一条直线，维持一段时间后，还原重复动作。注意动作与呼吸配合，抬起时呼气，下放时吸气。如果患者不能主动完成，治疗师可以用一只手掌放于患侧膝关节的稍上方，在向下按压膝部的同时向足前方牵拉大腿；另一只手帮助臀部始起。随着患者的进步，治疗师可在逐渐减少帮助的同时，要求患者学会自己控制活动，不能让患侧膝关节伸展或向侧方倾倒。（图3－23）

增加难度：伸直一侧膝关节，大腿不动，增加对支撑侧的训练难度。在双脚或肩下放置平衡气囊，增加不稳定性。（图3－24）

降低难度：治疗师在抬髋过程中给予帮助，辅助下肢和骨盆稳定。

图3－23　腹桥

图3－24　背桥难度进阶

三、第三级：加入功能训练体位

（一） 四肢对侧交叉练习

双手和双膝四点支撑，腰椎放松。单手前伸，然后复位；单腿后伸，然后复位；单手和对侧腿同时伸展，然后肘关节和膝关节在腹前方接触，回到初始位置。

（二） 仰卧腹部斜向卷曲训练

训练者仰卧于地板上，训练球置于脚踝部生理弯曲下，保持膝部90°弯曲，手臂于前胸处交叉。腹肌用力，单侧肩部带动躯干向上抬起，使躯干发生轻微扭转。保持3～5秒，并缓慢返回。

（三） 训练球下躯干旋转训练

训练者仰卧，训练球置于膝部以下，身体上部与训练垫保持接触。向一侧轻微旋转髋部、腿部，同时带动膝部与脚部。在动作结束位置保持一段时间，缓慢返回。向反方向重复上述动作。

四、第四级：功能和阻力的联合增加

此阶段训练在前一阶段的基础上逐渐增加负荷，以静态等长负荷为主，运用单一器械进行稳定性和力量的组合训练，如瑞士球、平衡板、弹力带、垫上、力量练习器械等，其中运用最多的是瑞士球、平衡板等这些不稳定的器械和自由重量器械，锻炼者在非稳定条件下进行核心静力保持或稳定状态下的核心动力性动作。

（一） 俯卧伸展训练

俯卧于健身球上，臀部收紧，腹部收紧，背部收紧。尽可能长时间地维持此动作，保持正常呼吸。（图3－25）

（二） 负重两点支撑

仰卧位，将小腿和肩部置于平台上，将身体腾空，保持一条直线，可于腰部施加负荷，维持此姿势。

（三） 训练球上腹部卷曲训练

将训练球置于腰部生理弯曲处，呈架桥姿势，膝部呈90°弯曲，双脚分开与肩同宽，膝、髋、肩在一条直线上。训练时躯干上抬，收紧腹部，同时保持骨盆中立位，将肚脐拉向脊柱。注意：训练时保持训练球静止，同时保持正常呼吸。

增加难度：可通过改变手部放置位置增加训练难度，也可将双脚合拢以减少支撑面。

图 3－25　四肢对侧交叉练习

自学内容

一、第五级：对多个肌群增加阻力，挑战核心稳定性

训练球俯卧下肢回弯（TUCK）训练

手部支撑身体，呈俯卧撑姿势，训练球置于膝部下方或踝部。通过屈髋，降低腹部，向前滚动训练球。保持 3～5 秒，并缓慢返回。

二、第六级：增加功能性挑战、速度和（或）旋转运动

（一）起跳前抛球

双手持球，呈半蹲姿势，双脚迅速蹬地跳起，并将球向前抛出，整个过程中维持躯干的稳定。

（二）卷腹抛球

仰卧，髋关节和膝关节屈曲，双脚平放于地面，双手持球于头部上方，做卷腹动作，当躯干到达正直位后，将球抛至墙面或抛给搭档。使卷腹动作的力量传至上肢，进而将球抛出。

第四节　核心渐进性功能训练在运动损伤中的应用

面授内容

一、急性腰扭伤

急性腰扭伤病人在疼痛消失后的恢复期可进行核心区功能训练。由于急性腰扭伤多由于骶髂肌力不足或注意力不集中引起，因此核心区肌力的训练及神经肌肉控制训练可增强腰部整体力量及稳定性，预防急性腰扭伤的发生。急性腰扭伤的康复目标和措施，见表3－1。

表3－1　急性腰扭伤的康复目标和措施

分期	目的	措施
急性期	减轻肿胀和疼痛	PRICE 原则
康复期	减轻疼痛 使动作、力量和本体感觉正常化	渐进性功能训练（1～5 级） 神经肌肉控制训练
预后期	回归赛场达到受伤前水平 降低再伤风险	渐进性功能训练 5～6 级 专项训练

二、慢性腰痛

越来越多的基础及临床研究发现，慢性腰痛与核心肌群的功能状态之间存在着互为因果的关系。慢性腰痛患者常有竖脊肌功能异常，尤其对有优势的运动员来说，优势侧的竖脊肌强于对侧，在完成动作时更多依赖优势侧，容易导致优势侧的负荷过重，产生疲劳，易导致损伤及腰痛的出现，因此要注意加强弱势侧的竖脊肌力量练习，对预防腰痛和损伤的产生具有重要的意义。此外，核心稳定肌的激活异常、功能失调等会直接影响腰部脊柱的结构稳定性，造成椎间小关节及其周围韧带组织和椎间盘损伤，从而加重疼痛。而疼痛不同程度地限制腰部肌肉的活动，造成肌肉功能退化。这种恶性循环使得腰部肌肉功能逐步退化、腰椎组织的微型创伤反复积累，最终出现慢性腰背疼痛。还有学者对妊娠期腰痛患者核心稳定性训练进行研究发现，核心训练对改善妊娠期患者的腰痛有一定的应用价值。

因此，在慢性腰背疼痛患者的训练方案中，除了日常姿势的矫正外，要加强核心区力量训练及稳定肌的训练，从第一级开始，根据患者的不同需求，结合患者的专项进行循序渐进的训练。SET 训练系统对缓解慢性腰痛患者的症状具有良好的疗效，也可以应用于训练方案中。

腰痛患者康复初期宜选用脊柱压力较低的练习，防止再次损伤；而采用瑞士球练习时，减少或不变的伸肌和腹肌平均肌肉活动峰值，以及较低的共收缩和脊柱负荷，对那些不能忍受脊柱负荷或无法在垫上完成练习的伤者是有益的。

表 3 –2　慢性腰痛的康复目标和措施

分期	目的	措施
康复初期	减轻疼痛，缓解紧张部位，强化弱肌	理疗、按摩 渐进性功能训练（1 –3）
康复中期	使动作、力量和本体感觉正常化	渐进性功能训练（3 ~5 级） 神经肌肉控制训练
康复后期	专项素质强化，预防损伤	渐进性功能训练 5 ~6 级 专项训练

自学内容

一、腰背肌筋膜炎

腰背肌筋膜炎的病因尚不明确，但调查显示，患者多由于运动强度过大或急性腰扭伤后治疗不彻底引起，因此在疾病的缓解期，开始加入核心肌力训练，运动员正常训练可不停止，但负荷量减小，同时加强核心区功能训练。

二、腰椎间盘突出症

腰椎间盘突出可保守治疗或手术治疗，但两种治疗方式中，均应在缓解期加入运动治疗，主要为核心区稳定肌训练及动力肌群的力量训练。其是一个易于复发的疾病，因此通过核心区肌肉力量的训练，可以纠正病人的错误姿势及动作，减轻对神经根部的压迫，减少复发。腰椎间盘突出症状：一是患者脊柱的被动稳定系统出现问题，脊柱趋于不稳定状态，导致下背痛；二是下腰痛造成深层核心肌群的功能被抑制及动作控制异常，其稳定脊柱的功能减弱，且腰痛的缓解并不能使其功能恢复，进而形成恶性循环。因此在腰椎间盘突出症的治疗中，核心区稳定肌的锻炼对维持脊柱的稳定，防治腰痛具有重要意义。

一般在腰椎间盘突出症的缓解期介入核心肌群的训练。利用瑞士球的不稳定平面或者悬吊系统进行训练，更有利于腰椎间盘突出症患者本体感觉的提高，提高腰椎节段的稳定性，为腰部肌肉收缩时产生的躯干运动提供稳定的基础。腰椎间盘突出症康复目标及措施，见表3－3。

表3－3　腰椎间盘突出症康复目标及措施

分期	目的	措施
急性期	减轻疼痛、肿胀	初次发作应卧床2～3周不等。
亚急性期	消除炎症，缓解紧张肌肉	理疗、按摩 佩戴支具活动
康复期	恢复活动度、肌力、本体感觉 专项素质训练	渐进性功能训练1～6级 专项训练

三、腰椎骨折

（一）稳定型腰椎骨折

包括椎体楔形压缩骨折、横突骨折、第五腰椎以上的椎板骨折等。稳定型腰椎骨折在伤后一周左右，腰痛减轻后，进行低等级的背肌训练、仰卧背伸或背桥等。2～3个月后，骨折已愈合，开始加入腰部屈伸及转体的训练。

（二）不稳定型骨折

包括椎体骨折合并小关节脱位或绞索；椎体与关节突骨折、脱位；第五腰椎椎板骨折；严重的椎体粉碎性骨折等。若进行手术治疗，在支具去除后应立即开始背肌的练习，也应从第一级开始，循序渐进进行。骨折康复的目标的措施，见表3－4。

表 3－4　骨折康复目标的措施

分期	目的	措施
急性期/术后初期	减轻肿胀、疼痛、炎症	保守治疗卧床 1 周左右 术后治疗卧床 2 ~ 4 周不等
康复期	恢复活动度、肌力、本体感觉	渐进性功能训练 1 ~ 4 级 神经肌肉控制训练
康复后期	专项素质强化，预防损伤	渐进性功能训练 5 ~ 6 级 专项训练

四、脊柱侧弯

脊柱侧弯与椎旁肌的改变及深层肌肉功能异常有密切的关系。椎旁肌的功能异常及不平衡可导致脊柱侧弯，而脊柱侧弯的形态也会影响椎旁肌的改变。对肌肉异常在侧弯发生中是否是主要因素还有争论，但可以肯定的是，由于侧弯引起肌力的不平衡是加剧脊柱畸形的最重要因素之一。因此对脊柱旁肌肉的弱侧强化、强侧的放松训练是脊柱侧弯治疗中不可或缺的。

一般患者的脊柱凸侧肌肉萎缩，凹侧肌肉挛缩，因此需根据渐进性功能训练的原则进行椎旁肌肉的练习，在训练其主要运动肌群的肌力同时，要加强深层稳定肌的训练，辅助矫正脊柱的正常形态，强化脊柱的稳定性。

思考题

1. 核心区主要运动肌群的渐进性功能训练如何分级？注意事项有哪些？
2. 如何利用悬吊系统设计核心区稳定肌群的渐进性功能训练？
3. 如何设计腰椎间盘突出症患者的核心区渐进性功能训练？
4. 如何设计慢性腰痛患者的核心区渐进性功能训练？

第四章　下肢渐进性功能训练

本章教学提示

本章重点是掌握下肢常见肌肉如股四头肌、臀大肌、腘绳肌及腓肠肌、比目鱼肌等的渐进性功能训练的方式，并与常见运动损伤结合讲解实际应用，使学生通过具体操作方法的学习和实践，理解和掌握下肢主要肌肉的渐进性功能训练的具体方法和康复训练计划的设计思路。

第一节　股四头肌和髂腰肌的功能训练

股四头肌的主要功能包括屈曲髋关节和伸展膝关节，髂腰肌的主要功能包括屈曲髋关节和使骨盆前倾。股四头肌和髂腰肌是主要的屈髋肌群和伸膝肌群。

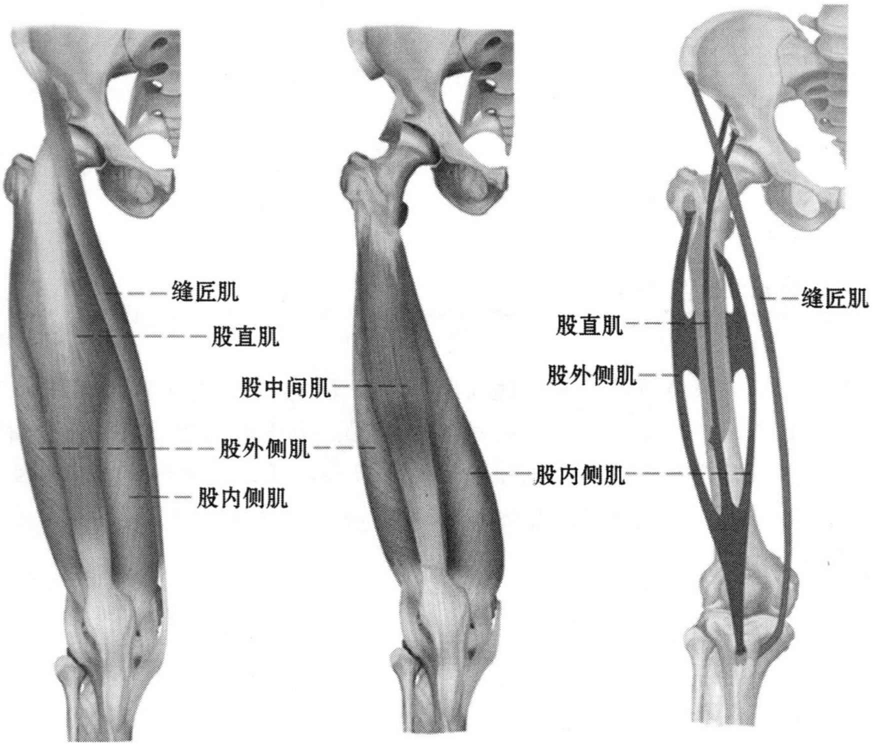

股四头肌

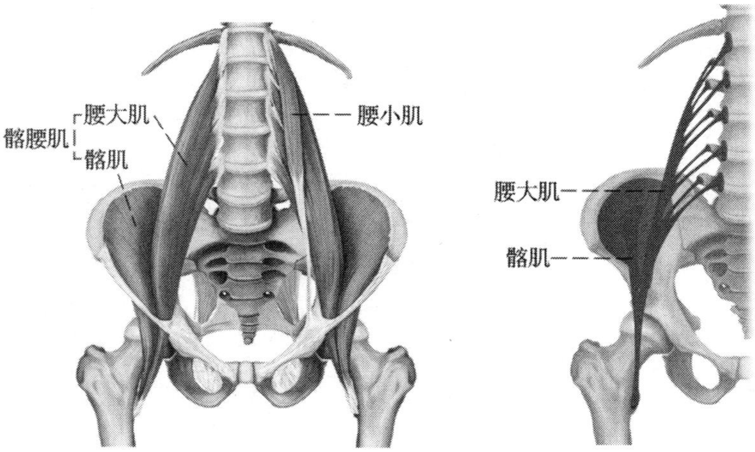

髂腰肌

面授内容

一、第一级：肌肉独立训练

（一） 坐位股四头肌收缩

坐位，在练习侧膝关节下垫起一条卷起的毛巾或泡沫轴，脊柱保持良好中立位，体重由坐骨支撑，颈部与脊柱在一条直线上。充分伸展膝关节，在缓慢的运动速度下稳定地收缩股四头肌（图 4－1）。

（二） 坐位单侧膝关节伸展

坐在长凳上，脊柱、骨盆、颈部和肩胛在中立位，保持良好的力线。在完全的关节活动范围内缓慢伸展练习侧的膝关节，稳定地收缩股四头肌。（图 4－2）

图 4－1　坐位股四头肌收缩

图 4－2　坐位单侧膝关节伸展

二、第二级：肌肉独立抗阻训练

（一） 仰卧位抗阻膝关节伸展/髋关节屈曲

仰卧位，支撑侧的膝关节屈曲，脊柱、骨盆和颈部保持在中立位，收腹。两脚踝间系一条弹力带。活动侧的大腿屈曲45°，缓慢伸直膝关节，股四头肌收缩。髋关节屈曲练习采用相同体位，首先将活动侧的腿放到地板上，然后髋关节屈曲45°，再放低下肢回到起始位置。（图4－3）

图4－3 仰卧位抗阻膝关节伸展/髋关节屈曲

（二） 坐位抗阻单侧膝关节伸展

坐在长凳上，脊柱、骨盆、颈部和肩胛在中立位保持良好的对齐。两脚踝间系一条弹力带。在完全的关节活动范围内缓慢伸展练习侧的膝关节，稳定地收缩股四头肌，收紧膝关节。（图4－4）

图4－4 坐位抗阻单侧膝关节伸展

三、第三级：加入功能训练体位

（一） 瑞士球上的坐位单侧膝关节伸展

坐在瑞士球上，骨盆、脊柱、肩胛和颈部在中立位保持良好的对齐，体重由坐骨（坐骨粗隆）支撑。保持髋部的水平和躯干的稳定，收缩股四头肌，伸展活动侧的膝关节。(图4－5)

（二） 瑞士球靠墙蹲起

通过瑞士球靠墙站立，球的位置大约在腰部，骨盆、脊柱、肩胛带和颈部在中立位保持对齐。将双足置于离墙足够远的位置，使蹲起时膝关节弯曲不超过90°；双足分开与肩同宽，膝关节朝向第二脚趾尖的方向。下蹲时，不允许髋关节低于膝关节。(图4－6)

图4－5　瑞士球上的坐位单侧膝关节伸展

图4－6　瑞士球靠墙蹲起

四、第四级：功能和阻力的联合增加

（一） 瑞士球上的坐位抗阻膝关节伸展

坐在瑞士球上，骨盆、脊柱、肩胛和颈部在中立位保持良好的对齐，体重由坐骨（坐骨粗隆）支撑，脚踝间系一条弹性带。保持髋部的水平和躯干的稳定，伸展活动侧的膝关节，收缩股四头肌。(图4－7)

（二） 单侧站立的抗阻膝关节伸展

骨盆、脊柱、肩胛和颈部在中立位保持良好的对齐下站立。支撑侧的膝关节微屈，髋部保持水平、收腹，脚踝间系一条弹性带。活动侧的髋关节屈曲，膝关节伸直和弯曲，收缩伸膝肌群和屈髋肌群，保持躯干稳定。（图 4－8）

图 4－7　瑞士球上的坐位抗阻膝关节伸展

图 4－8　单侧站立的抗阻膝关节伸展

自学内容

一、第五级：对多个肌群增加阻力，挑战核心稳定性

（一） 训练器上的大腿蹬伸

坐（或躺）在训练器上，骨盆、脊柱、肩胛和颈部保持良好的对齐。腹肌保持收缩，屈髋屈膝。呼气，同时平缓地伸展髋关节和膝关节，收缩股四头肌、臀肌和腘绳肌。（图 4－9）

（二） 史密斯架下的蹲起

双足分开与髋或肩同宽，站在史密斯架的稍前方，骨盆、脊柱、肩胛和颈部中立位对齐。下蹲，以髋关节为轴，保持骨盆、脊柱和颈部中立位，同时收腹。髋部和尾椎骨向后移动使膝关节始终位于足尖之后。回到起始位置，收缩股四头肌、臀肌和腘绳肌。保持躯干稳定。（图 4 – 10）

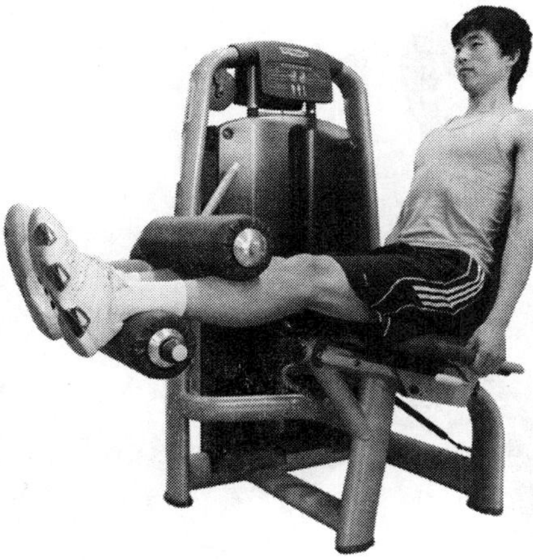

图 4 –9　训练器上的大腿蹬伸

图 4 –10　坐位变阻训练器练习

二、第六级：加入平衡，增加功能性挑战、速度和（或）旋转运动

（一） 蹲起至推举过头顶

双足分开与髋或肩同宽站立，骨盆、脊柱、肩胛和颈部在中立位对齐；手持杠铃横放于肩部，不接触颈部。下蹲，以髋关节为轴，保持骨盆、脊柱和颈部中立位，同时收腹。髋部和尾椎骨向后移动使膝关节始终位于足尖之后。回到起始位置，收缩股四头肌、臀肌和腘绳肌。同时向上推举杠铃超过头顶。保持躯干稳定。（图 4 – 11）

（二）瑞士球上的弓箭步蹲起

后脚在瑞士球的中心位置站立，同侧手握持哑铃，对侧手握持平衡棒或扶墙以支撑体位。骨盆、脊柱、肩胛和颈部始终保持中立位。进行弓箭步蹲起，同时后侧脚在球上向后滚动，前侧膝关节屈曲不超过90°。保持髋部和肩部水平正直，收腹。（图4－12）

图4－11　蹲起至推举过头顶

图4－12　坐位变阻训练器练习

第二节　腘绳肌和臀大肌的功能训练

腘绳肌的主要功能包括伸展髋关节和屈曲膝关节，臀大肌的主要功能包括伸展和外旋髋关节。腘绳肌和臀大肌是组成伸展髋关节肌群的主要肌肉。

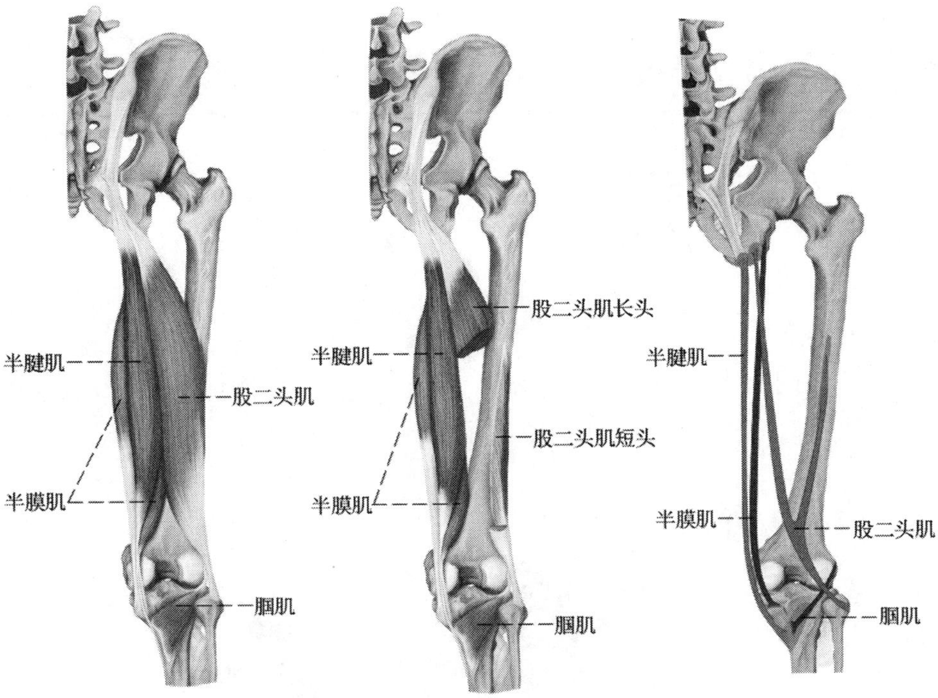
半腱肌
股二头肌
半膜肌
腘肌
股二头肌长头
半腱肌
股二头肌短头
半膜肌
腘肌
半腱肌
半膜肌
股二头肌
腘肌

腘绳肌

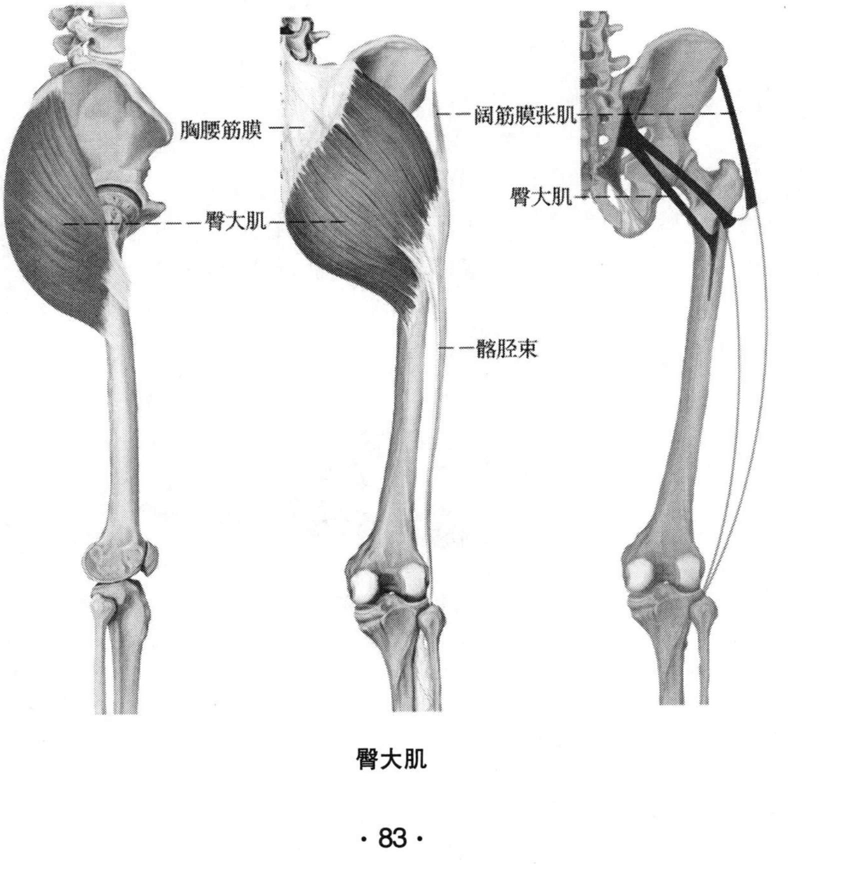
胸腰筋膜
阔筋膜张肌
臀大肌
臀大肌
髂胫束

臀大肌

面授内容

一、第一级：肌肉独立训练

（一）仰卧收臀

仰卧位，双膝屈曲，双足平放在地板上。骨盆、脊柱、肩胛和颈部在中立位，收腹。收缩臀部肌肉，保持后背中部紧贴地板，同时呼气。（图 4－13）

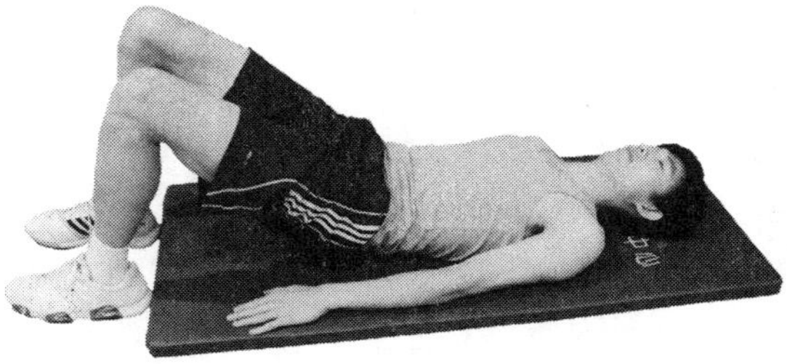

图 4－13　仰卧收臀

（二）俯卧髋关节伸展

俯卧位，骨盆、脊柱在中立位，颈部和脊柱在一条直线上，前额向下。保持髋部水平贴于垫子上，收腹。收缩臀肌和腘绳肌，练习侧髋关节伸展，可以在髋关节伸展的同时屈曲膝关节增加难度。回到起始位置，保持髋部水平和背部不动。（图 4－14）

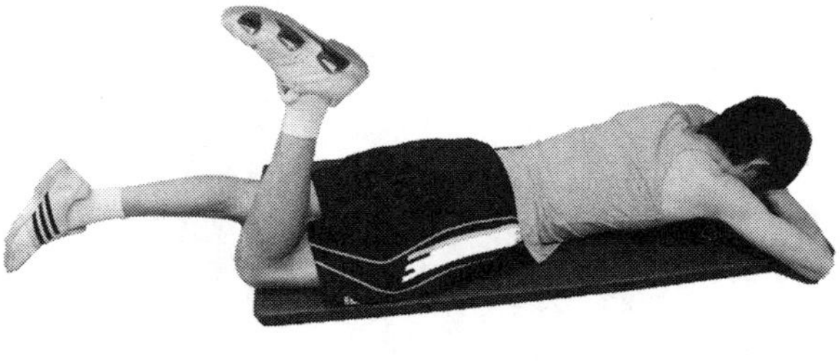

图 4－14　俯卧髋关节伸展

二、第二级：肌肉独立抗阻训练

（一）俯卧抗阻髋关节伸展

俯卧位，骨盆和脊柱在中立位，颈部和脊柱在一条直线上，前额向下，两脚踝之间系一条弹性带。保持髋部向下和水平，收腹。收缩臀肌和股四头肌，练习侧髋关节伸展，可以在髋关节伸展的同时屈曲膝关节增加难度，回到起始位置，保持髋部水平和背部不动。(图4－15)

图4－15　俯卧位短杠杆抗阻飞鸟

（二）坐位卷腿

坐在训练器上，膝关节与凸轮转轴对齐，骨盆、脊柱、肩胛和颈部在中立位，收腹。屈膝，收缩腘绳肌，保持躯干稳定。(图4－16)

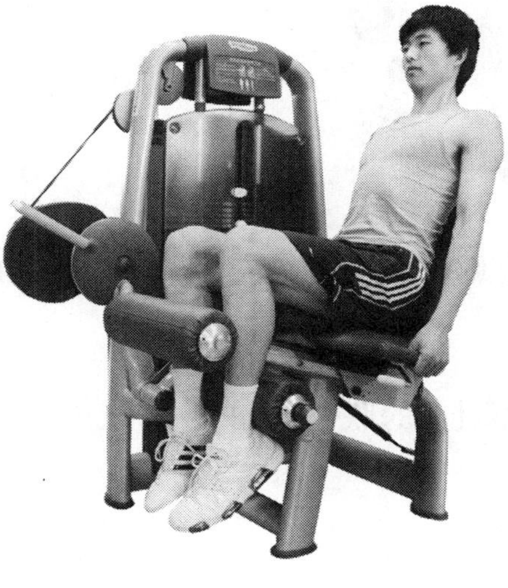

图4－16　坐位卷腿

三、第三级：加入功能训练体位

（一） 肘膝位髋关节伸展

肘膝位四点支撑起始，骨盆和脊柱在中立位，头部、颈部与脊柱保持在一条直线上，同时保持腹部收紧。练习侧膝关节维持屈曲状态下进行髋关节伸展，同时保持髋部水平和脊柱完全不动，自始至终收缩腘绳肌和臀肌。（图 4－17）

（二） 站位髋关节伸展

单脚站立，支持侧的膝关节自然直立，骨盆、脊柱、肩胛和颈部在中立位，收腹。手持平衡棒、扶手或墙以支持体位。练习侧的下肢向后进行髋关节伸展，同时保持髋部水平，背部和躯干不动。（图 4－18）

图 4－17　肘膝位髋关节伸展

图 4－18　站位髋关节伸展

四、第四级：功能和阻力的联合增加

（一） 站位抗阻髋关节伸展

单脚站立，支撑侧的膝关节自然直立，骨盆、脊柱、肩胛和颈部在中立位，收腹，两脚踝间系一条弹力带。活动侧的下肢向后伸髋和（或）屈膝，同时保持髋部水平、背部和躯干不动。（图 4－19）

（二） 瑞士球上的仰卧膝关节屈曲

仰卧位，脚后跟放在瑞士球上。抬起臀部形成平板体位，骨盆和脊柱在中立位，臀肌和腹肌收缩，颈部在地板上伸展和放松。保持髋部水平，屈膝并用脚跟向臀部滚动瑞士球，收缩腘绳肌，伸直双腿，保持平板体位和躯干稳定。（图 4－20）

图 4－19　站位抗阻髋关节伸展

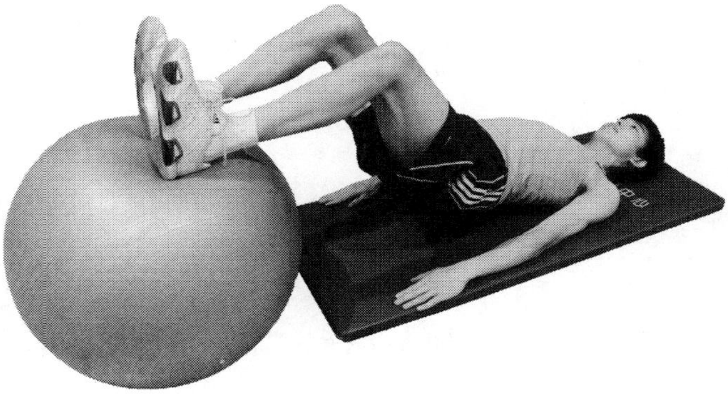

图 4－20　瑞士球上的仰卧膝关节屈曲

自学内容

一、第五级：对多个肌群增加阻力，挑战核心稳定性

（一） 前平举站位髋关节伸展

单脚站立，支撑侧的膝关节自然直立，骨盆、脊柱、肩胛和颈部在中立位，收腹，两脚踝间系一条弹性带。活动侧向后髋关节伸展，保持髋部水平、背部和躯干不动。同时两侧上肢完成前平举，保持肩胛骨下降和颈部伸展。（图 4－21）

图 4 －21　前平举站位髋关节伸展

二、第六级：加入平衡，增加功能性挑战、速度和（或）旋转运动

（一） 瑞士球上的俯卧抗阻髋关节伸展

将瑞士球置于长凳上，练习者俯卧于瑞士球上，瑞士球的位置在下腹和髋部；双手抓住长凳。保持骨盆、脊柱、肩胛和颈部中立位，髋部水平。两侧髋关节伸展，收缩腘绳肌和臀肌，可以利用滑轮、弹性带或同伴徒手施加阻力进行抗阻练习。（图 4 －22）

图 4 －22　瑞士球上的俯卧抗阻髋关节伸展

第三节　臀中肌的功能训练

臀中肌的主要功能是使大腿在髋关节处外展，是组成外展髋关节肌群的主要肌肉。

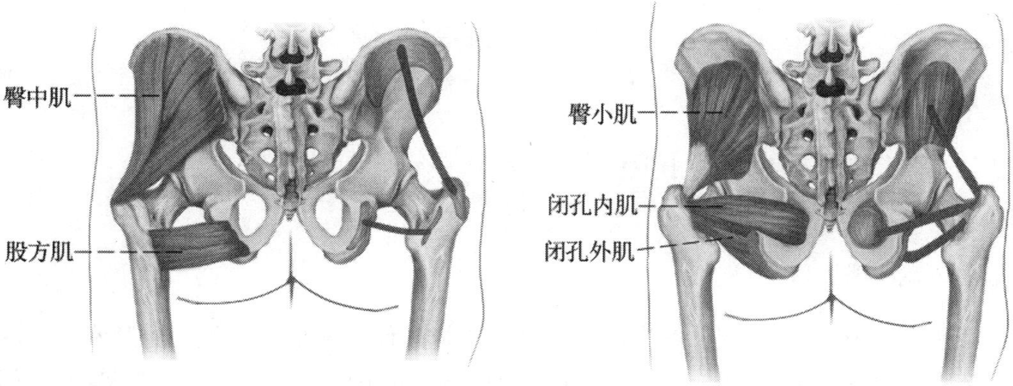

臀中肌

面授内容

一、第一级：肌肉独立训练

侧卧举腿

侧卧位，贴床面侧下肢自然弯曲，以稳定支撑。保持骨盆、脊柱、肩胛和颈部中立位，收腹。远离床面侧下肢自然伸直，向后伸展一定角度，然后向上举腿至最大幅度，再缓慢回到原位。（图 4－23）

图 4－23　侧卧举腿

二、第二级：肌肉独立抗阻训练

侧卧抗阻举腿

侧卧位，贴床面侧下肢自然弯曲，以稳定支撑。保持骨盆、脊柱、肩胛和颈部中立位，收腹。远离床面侧下肢踝关节处负重沙袋或弹力带并自然伸直，向后伸展一定角度，然后向上举腿至最大幅度，再缓慢回到原位。（图 4－24）

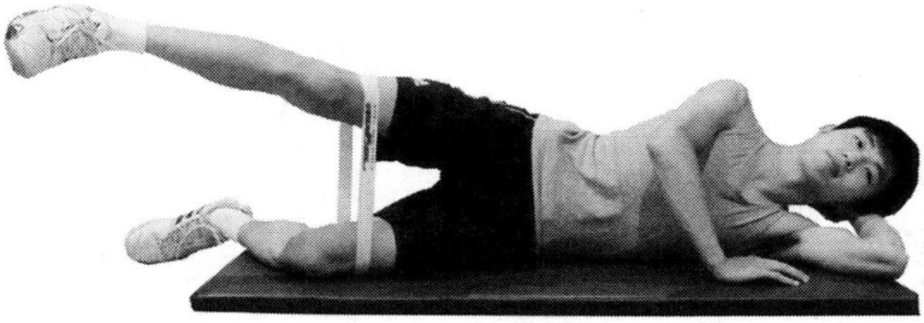

图 4－24　侧卧抗阻举腿

三、第三级：加入功能训练体位

站立位侧抬腿

单脚站立，支持侧的膝关节自然直立，骨盆、脊柱、肩胛和颈部在中立位，收腹。手持平衡棒、扶手或墙以支持体位。练习侧的下肢向后伸展一定的幅度后侧抬腿，同时保持髋部水平，背部和躯干不动。

四、第四级：功能和阻力的联合增加

站立位抗阻侧抬腿

单脚站立，支持侧的膝关节自然直立，骨盆、脊柱、肩胛和颈部在中立位，收腹。手持平衡棒、扶手或墙以支持体位。练习侧的下肢向后伸展一定的幅度，在练习侧下肢和水平面的内侧系一条弹力带，然后进行侧抬腿，同时保持髋部水平，背部和躯干不动。（图 4 －25）

图 4 －25　站立位抗阻侧抬腿

自学内容

一、第五级：对多个肌群增加阻力，挑战核心稳定性

（一） PNF 技术下肢 D2 屈曲模式

单脚站立位，支持侧的膝关节自然直立，骨盆、脊柱、肩胛和颈部在中立位，收腹。

练习侧下肢系上弹力带，辅助者于支撑侧后方施加阻力。起始于丁字站立，练习侧下肢进行髋关节的屈曲、外展、内旋，再缓慢回到原位。

二、第六级：加入平衡，增加功能性挑战、速度和（或）旋转运动

（一） 瑞士球上的俯卧抗阻外展

将瑞士球置于长凳上，练习者俯卧于瑞士球上，瑞士球的位置在下腹和髋部；双手抓住长凳。保持骨盆、脊柱、肩胛和颈部中立位，髋部水平。下肢外展，可以利用滑轮、弹力带或同伴徒手施加阻力进行抗阻练习。

（二） 单脚跨步侧跳

单脚站立，支撑侧下肢微屈髋屈膝，从支撑侧侧跳至另一侧，单脚屈髋屈膝落地，落地时身体要平衡并控制髋关节的位置以确保髋关节处于同一水平上。逐渐增大单脚跳的高度和距离。

第四节 内收肌的功能训练

内收肌群包括耻骨肌、长收肌、短收肌、大收肌、股薄肌。主要功能是使大腿在髋关节处内收、屈曲和旋外。

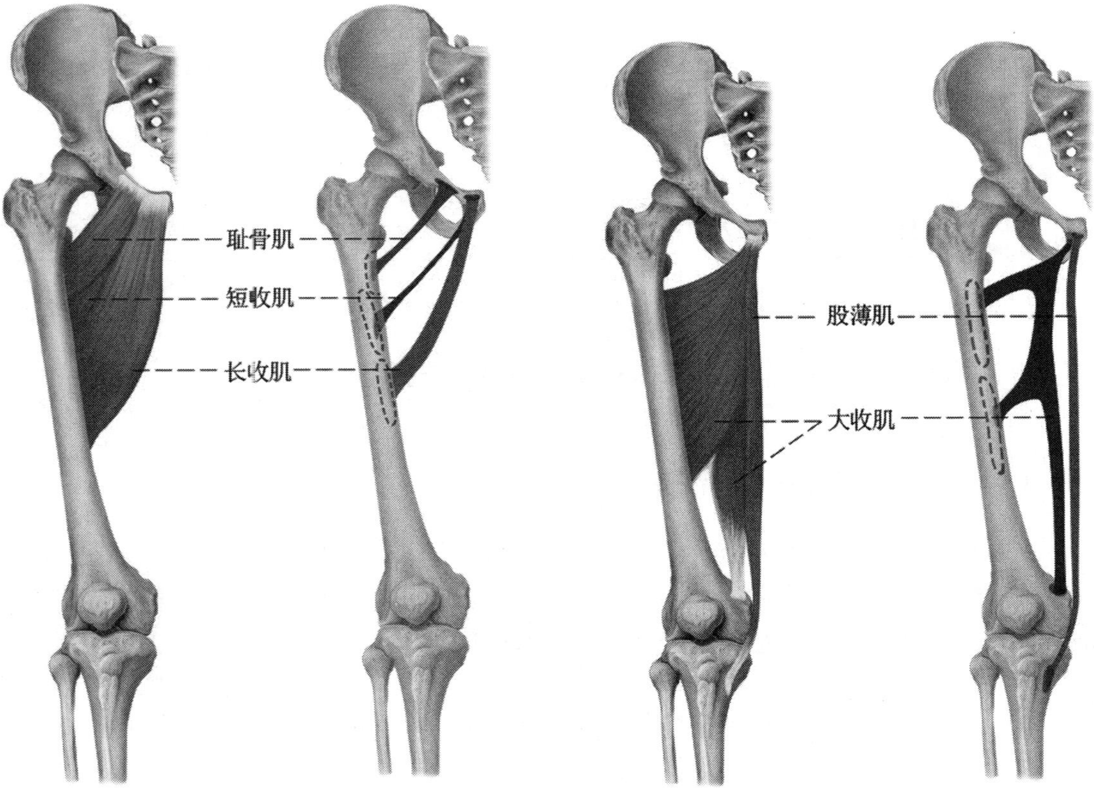

内收肌

面授内容

一、第一级：肌肉独立训练

侧卧位内收

侧卧位，肘支撑，下肢一前一后置于床面，贴床面侧在前，远离床面侧在后，自然伸展，以稳定支撑。保持骨盆、脊柱、肩胛和颈部中立位，收腹。贴近床面侧肢体向上抬起至最大幅度，再缓慢回到原位。（图 4 －26）

图 4 －26　侧卧位内收

二、第二级：肌肉独立抗阻训练

（一） 侧卧位抗阻内收

侧卧位，肘支撑，下肢一前一后置于床面，贴床面侧在前，远离床面侧在后，自然伸展，以稳定支撑。贴近床面侧下肢踝关节处加沙袋或弹力带。保持骨盆、脊柱、肩胛和颈部在中立位，收腹。贴近床面侧肢体向上抬起至最大幅度，再缓慢回到原位。（图 4 －27）

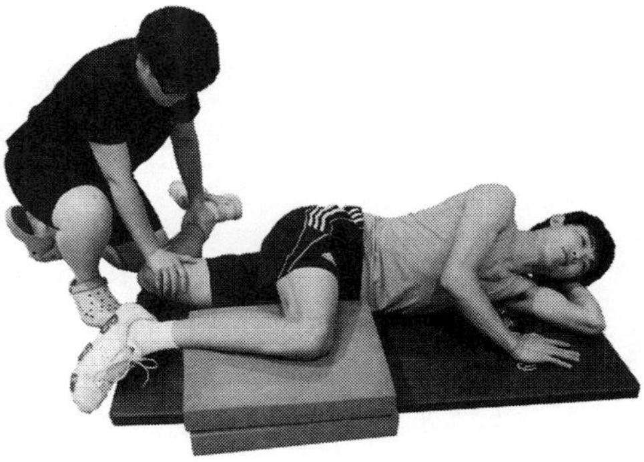

图 4 －27　卧位抗阻内收

（二） 仰卧位内收

仰卧位，下肢分开，练习侧下肢系上弹力带，辅助者站在练习腿一侧施加阻力，躯干保持中立位，收腹。练习侧下肢内收下肢至最大幅度，再缓慢回到原位。（图 4 –28）

图 4 –28　卧位内收

三、第三级：加入功能训练体位

站立位内收

单脚站立，支持侧的膝关节自然直立，骨盆、脊柱、肩胛和颈部在中立位，收腹。手持平衡棒、扶手或墙以支持体位。练习侧的下肢向内侧收腿，经支撑腿前侧至最大幅度，同时保持髋部水平，背部和躯干不动。（图 4 –29）

图 4 –29　立位内收

四、第四级：功能和阻力的联合增加

利用拉力器内收

单脚站立，支持侧的膝关节自然直立，骨盆、脊柱、肩胛和颈部在中立位，收腹。练习侧的下肢踝关节处拉力器负重，从支撑腿前内收的最大幅度处启动，同时保持髋部水平，背部和躯干不动。（图 4 – 30）

图 4 –30　用拉力器内收

自学内容

一、第五级：对多个肌群增加阻力，挑战核心稳定性

PNF 下肢 D1 屈曲模式

单脚站立位，支持侧的膝关节自然直立，骨盆、脊柱、肩胛和颈部在中立位，收腹。练习侧下肢系上弹力带，辅助者于练习侧后方施加阻力。起始于练习侧下肢后外侧伸展，

然后进行髋关节的屈曲、内收、外旋，再缓慢回到原位。(图 4－31)

图 4－31　PNF 技术下肢 D1 屈曲模式

二、第六级：加入平衡，增加功能性挑战、速度和（或）旋转运动

瑞士球上的侧弓步蹲起

练习侧脚在瑞士球的中心位置站立，同侧手握哑铃，对侧手握平衡棒或扶墙以支撑体位。骨盆、脊柱、肩胛和颈部始终保持中立位。进行侧弓步蹲起，同时后练习侧脚在球上向练习侧滚动，支撑侧膝关节屈曲不超过 90°。保持髋部和肩部水平正直，收腹。

第五节　腓肠肌的功能训练

腓肠肌由于其肌肉的起止点的位置，属于跨双关节肌，主要完成踝关节和膝关节的屈曲功能，维持身体直立，防止身体前倾的作用。与比目鱼肌合称小腿三头肌。对小腿三头肌的训练，通常会通过对踝关节的运动来促进腓肠肌肌肉的功能。

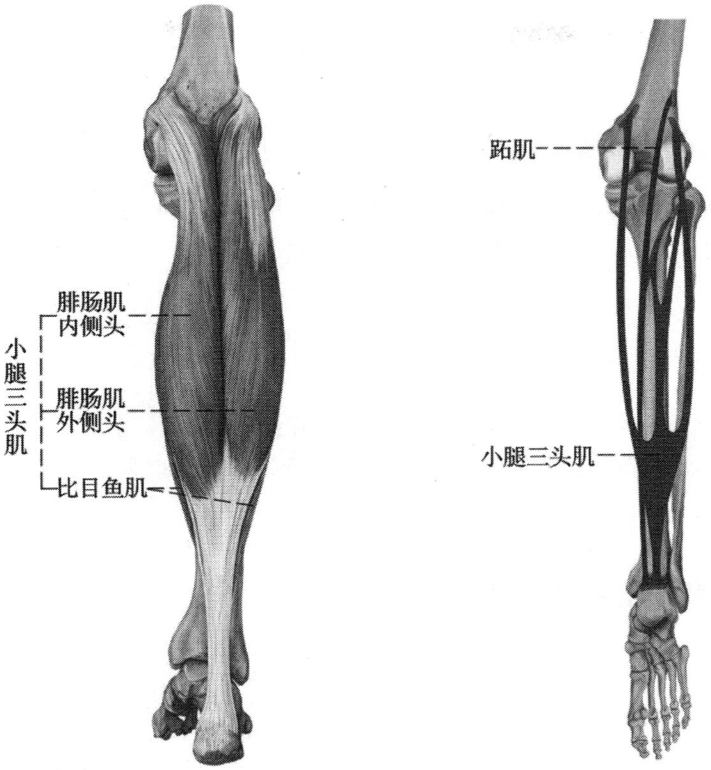

腓肠肌

面授内容

一、第一级：肌肉独立训练

（一） 无负重下静力性跖屈练习

坐位或仰卧位于治疗床上，下肢无负重状态，要求膝关节伸直。起始姿势，踝关节跖屈至最大范围，要求角度在无痛范围内，静力性保持数秒。

（二） 无负重下伸膝位跖屈练习

坐位或仰卧位于治疗床上，下肢无负重状态，要求膝关节伸直。起始姿势，踝关节背屈至最大角度，然后做踝关节跖屈运动。要求无痛范围内进行。

二、第二级：肌肉独立抗阻训练

（一） 无负重下伸膝位弹力带跖屈练习

坐位或仰卧位于治疗床上，下肢无负重状态，要求膝关节伸直。起始姿势，在足的整个跖趾关节处附上弹力带，另一端固定，踝关节背屈至最大角度，然后做踝关节跖屈运动。要求无痛范围。

（二） 部分负重下伸膝位跖屈练习

坐位或仰卧位于治疗床上，踝关节悬空于治疗床边，下肢其余部分无负重状态，要求膝关节伸直。起始姿势，在踝关节处附上沙袋，踝关节背屈至最大角度，然后做踝关节跖屈运动，要求无痛范围。

三、第三级：加入功能训练体位

（一） 部分负重双足提踵练习

站立位，训练者双手扶住墙，双足站立在台阶边缘。患侧和健侧同时进行提踵动作，要求，双足尽量同时抬高，高度尽量保持一致。双足下落时，尽可能地下落到最大角度，并控制下落速度。

（二） 辅助箭步负重提踵练习

站立位，训练者双手扶住墙，双足呈一条直线前后站立，要求患侧在前，健侧在后。要求身体重心略在前面，患侧和健侧同时进行提踵动作，健侧辅助患侧，协助患侧提踵。

（三） 部分负重单足提踵练习

站立位，训练者双手扶住墙，患侧足站立于台阶边缘。健侧腿抬起，然后患侧进行提踵动作。要求足下落时尽可能地下落到最大角度，并控制下落速度。

四、第四级：功能和阻力的联合增加

（一） 单腿负重提踵练习

站立位，训练者的患侧足站立在台阶边缘，健侧抬起。双手叉腰放在髂嵴处，稳定核心，然后患侧进行提踵动作。要求足下落时尽可能地下落到最大角度，并控制下落速度。

（二） 单腿负重软垫上提踵练习

站立位，训练者的患侧足站立在软垫边缘。健侧抬起，可附在患侧后群肌肉的肌腹上。双手可置于髂嵴处，稳定核心，然后患侧进行提踵动作。要求足下落时尽可能地下落到最大角度，并控制下落速度。

自学内容

一、第五级：对多个肌群增加阻力，挑战核心稳定性

（一） 蹬台阶练习

站立位，训练者前面放置一定高度的踏板（对能力较差的患者，可以从 10cm 开始练习，每 3cm 增加高度），先从患侧腿开始蹬台阶。要求注重蹬台阶前踝关节在尽量背屈至最大无痛角度，用前脚掌蹬台阶，在足跖屈到与踏板平面，同时膝关节从屈曲至伸直过程。

（二） 蹬台阶进阶练习

进阶练习：在足跖屈到与踏板平面后，继续跖屈，即在到达踏板后再继续做提踵练习，但要求二者动作连贯流畅完成。提踵到最大角度后再缓慢落回踏板上。全部过程健侧下肢不接触地面。

（三） 软垫上蹬台阶训练和蹬台阶进阶练习

站立位，训练者前面放置一定高度的软垫，先从患侧腿开始蹬台阶。要求注重软垫阶前踝关节在尽量背屈至最大无痛角度，用前脚掌蹬台阶，在足跖屈到与踏板平面，同时膝关节从屈曲至伸直过程。进阶练习：在足跖屈到与软垫平面后，继续跖屈，即在到达踏板后再继续做提踵练习，但要求二者动作连贯流畅完成。提踵到最大角度后再缓慢落回软垫上。全部过程健侧不接触地面。

二、第六级：加入平衡，增加功能性挑战、速度和（或）旋转运动

（一） 跑步机上的正常步行

要求训练注意全脚掌的滚动式接触跑步机上传送带，左右交替，动作连贯自如。

（二） 蹬自行车练习

要求左右踝关节在蹬自行车时踝的背屈—跖屈运动，左右腿交替进行，动作流畅。

（三） 折返跑或绕障碍跑

设定一定距离，在折返处放置妨碍物，绕过或折回跑。快速调转方向。

第六节　比目鱼肌的功能训练

比目鱼肌位于小腿后侧，作用是完成踝关节跖屈功能，维持身体直立，防止身体前倾的作用。与腓肠肌合称小腿三头肌。

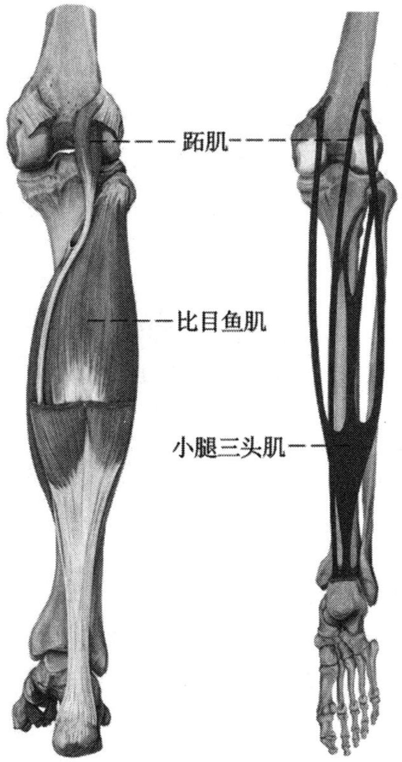

比目鱼肌

面授内容

一、第一级：肌肉独立训练

（一）无负重下伸膝位跖屈练习

坐位或仰卧位于治疗床上，下肢无负重状态，要求膝关节伸直。起始姿势，踝关节背屈至最大角度，然后做踝关节跖屈运动。要求无痛范围内进行。

（二）坐位下提踵练习

坐位，在治疗椅上，膝关节屈曲 90°。起始姿势，足平稳地放在地面上，然后做提踵动作，跖屈至最大角度。要求无痛范围内进行。

二、第二级：肌肉独立抗阻训练

（一）坐位下负重提踵练习

坐位，在治疗椅上，膝关节屈曲 90°，在膝关节处附上一定重量的杠铃片（负重量可根据训练者的自身能力而定，建议是 10RM～15RM 之间的负重量）。起始姿势，足平稳地放在地面上，然后做提踵动作，跖屈至最大角度。要求无痛范围内进行。

（二）坐位下软垫上负重提踵练习

坐位，在治疗椅上，膝关节屈曲 90°，在膝关节处附上一定重量的杠铃片（负重量可根据训练者的自身能力而定，建议是 10RM～15RM 之间的负重量）。起始姿势，足平稳地放在软垫上，要求前脚掌接触软垫。然后做提踵动作，先背屈至最大角度，然后跖屈至最大角度。要求无痛范围内进行。

三、第三级：加入功能训练体位（如腓肠肌第三级练习）

（一）部分负重双足提踵练习

站立位，训练者双手扶墙，双足站立于台阶边缘，跖趾关节后侧为与台阶边缘的接触线。患侧和健侧同时进行提踵动作，要求双足尽量同时抬高，高度尽量保持一致。双足下落时，尽可能地下落到最大角度，并控制下落速度。

（二） 部分负重单足提踵练习

站立位，训练者双手扶墙，患侧足站立于台阶边缘，跖趾关节后侧为与台阶边缘的接触线。健侧腿抬起，可附在患侧腿后群肌肉的肌腹上，然后患侧腿进行提踵动作。要求足下落时尽可能地下落到最大角度，并控制下落速度。

四、第四级：功能和阻力的联合增加（如腓肠肌第四级练习）

（一） 单腿负重提踵练习

站立位，训练者的患侧足站立在台阶边缘，跖趾关节后侧为与台阶边缘的接触线。健侧腿抬起，可附在患侧腿后群肌肉的肌腹上。双手置于髂嵴处，稳定核心，然后患侧腿进行提踵动作。要求足下落时尽可能地下落到最大角度，并控制下落速度。

（二） 单腿负重软垫上提踵练习

站立位，训练者的患侧足站立于软垫边缘，跖趾关节后侧为与软垫边缘的接触线。健侧腿抬起，可附在患侧腿后群肌肉的肌腹上。双手附在髂嵴处，稳定核心，然后患侧腿进行提踵动作。要求足下落时尽可能地下落到最大角度，并控制下落速度。

自学内容

一、第五级：对多个肌群增加阻力，挑战核心稳定性

（一） 半蹲提踵练习

半蹲姿势，膝关节屈曲（不要求到90°），脚尖向前，双脚比肩略宽，腰背挺直。起始姿势，足平稳地放在地面上，然后做提踵动作，跖屈至最大角度。要求无痛范围内进行。

（二） 弓箭步提踵练习

弓箭步姿势（下蹲角度不必太低），患侧腿在前，健侧腿在后。患侧腿膝关节屈曲状态，身体重心前移，患侧腿做提踵练习。要求无痛范围内进行。

（三） 在 BOSU 球上的半蹲提踵练习

半蹲姿势，膝关节屈曲（不要求到90°），脚尖向前，双脚比肩略宽，腰背挺直。起

始姿势，足平稳地放在 BOSU 球上，然后做提踵动作，跖屈至最大角度。要求无痛范围内进行。

二、第六级：加入平衡，增加功能性挑战、速度和（或）旋转运动

（一） 跑步机上的正常步行

要求训练时全脚掌滚动式接触跑步机的传送带，左右交替，动作连贯自如。

（二） 蹬自行车练习

要求左右踝关节在蹬自行车时踝的背屈—跖屈运动，左右腿交替进行，动作流畅。

（三） 折返跑或绕障碍跑

设定一定距离，在折返处放置妨碍物，绕过或折回跑。快速调转方向。

第七节　胫骨前肌的功能训练

胫骨前肌位于小腿前侧，主要作用是使踝关节背屈和内翻。

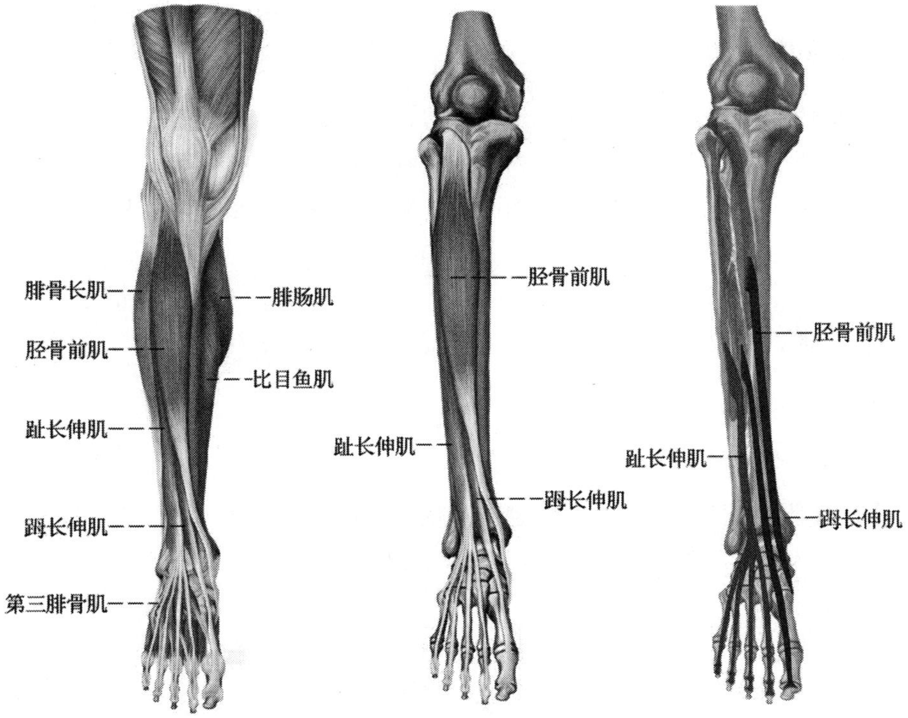

胫骨前肌

面授内容

一、第一级：肌肉独立训练

无负重下伸膝位背屈练习

坐位或仰卧位于治疗床上，下肢无负重状态，要求膝关节伸直。起始姿势，踝关节跖屈至最大角度，然后做踝关节背屈运动。

二、第二级：肌肉独立抗阻训练

（一） 无负重下伸膝位弹力带抗阻背屈练习

坐位或仰卧位在治疗床上，下肢无负重状态，要求膝关节伸直。在足的整个跖趾关节处缠绕上弹力带，另一端可让治疗师固定，踝关节跖屈至最大角度，然后做踝关节背屈运动。

（二） 无负重下踝内翻弹力带抗阻练习

坐位或仰卧位在治疗床上，下肢无负重状态，要求膝关节伸直。在足的整个跖趾关节处附上弹力带，另一端可让治疗师拿着，治疗师站立在训练者患侧膝关节处左右，起始姿势，踝关节处于中立位，令其做踝关节内翻动作至最大角度，然后再回到中立位。要求无痛范围。

三、第三级：加入功能训练体位

（一） 站立位背屈练习

站立位，双足站在踏板或台阶上，足跟接触。起始姿势，患者足放松，跖屈位。然后做背屈动作至最大角度，停留 1 ~2 秒后，再缓慢地做跖屈运动。

（二） 蹬自行车练习

训练者蹬功率自行车，要求双腿交替蹬的时候，脚底抬起，不接车蹬，足面带动车蹬带运动。

四、第四级：功能和阻力的联合增加

（一） 站立位单脚背屈负重练习

站立位，在患侧足面上附沙袋（负荷量根据患者自身能力而定，负重量是 10RM ~ 15RM），健侧足站在踏板或台阶上。起始姿势，患者足放松，跖屈位，然后做背屈动作至最大角度，停留 1 ~2 秒后，再缓慢地做跖屈运动。

（二） 足外侧走练习

站立位，双足成内翻背屈姿势，足弓外侧进行行走。可以在足面的跖趾关节处附加沙袋等重量，增加难度；还可以在软垫上行走，不稳定平面，增加难度。

面授内容

一、第五级：对多个肌群增加阻力，挑战核心稳定性

（一） 背屈下靠墙静蹲训练

靠墙静蹲姿势，要求训练者足背屈状态进行。

（二） 双脚交替勾球练习

站立位，双脚交替踢球。要求踢球时足面做背屈勾脚姿势，让球始终保持在身体稍前面的位置上下运动。

二、第六级：加入平衡，增加功能性挑战、速度和（或）旋转运动

（一） 平衡垫上站立位单脚背屈负重练习

站立位，在患侧足面上附沙袋（负荷量根据患者自身能力而定，负重量是 10RM ~ 15RM），健侧足站在平衡垫或 BOSU 球上。起始姿势，患者足放松，跖屈位，然后做背屈动作至最大角度，停留 1 ~2 秒后，再缓慢地做跖屈运动。

（二） 背屈下静蹲训练

静蹲姿势，要求训练者足背背屈状态进行或者在保持一定时间静蹲期间，做踝背屈的动作，建议 15 ~ 20 次。

第八节 胫骨后肌的功能训练

胫骨后肌的主要作用是维持内侧足弓，使踝关节做跖屈和内翻动作。

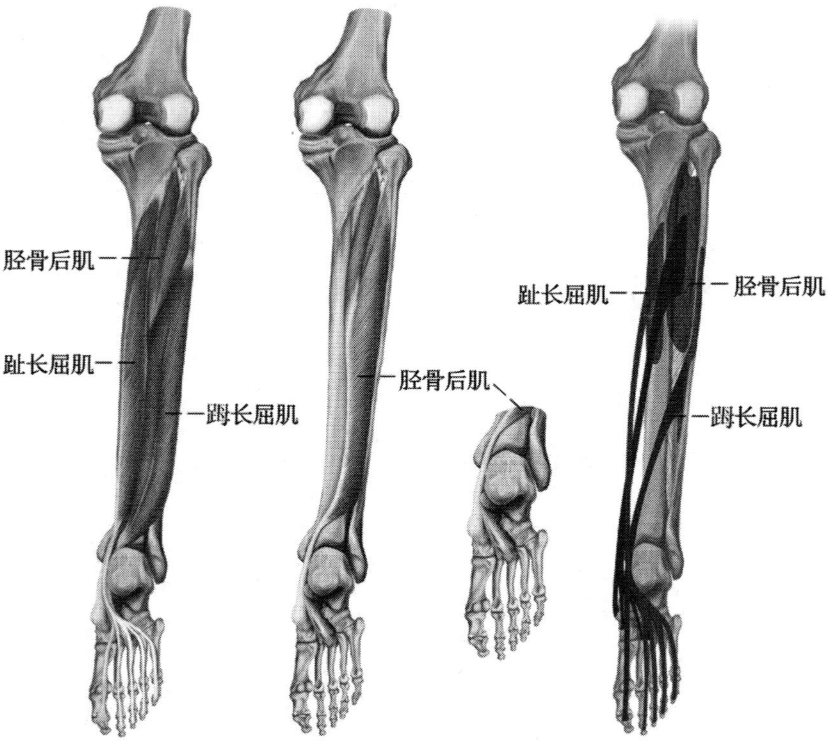

胫骨后肌

面授内容

一、第一级：肌肉独立训练

（一） 伸膝位踝内收练习

坐位或仰卧位于治疗床上，下肢无负重状态，要求膝关节伸直。起始姿势，踝关节中立位，即0°位。然后做内收运动，运动幅度会较小，如果不能很好地控制内收运动，可以将脚放在墙壁上，无压力情况下做内收运动。

（二） 屈膝位踝内收练习

坐位，下肢自然垂直于地面，髋关节和膝关节均90°屈曲。起始姿势，踝关节中立位，即0°位，小腿垂直地面。训练者可用手固定在髌骨上方，然后做踝内收运动。要求足面不可抬起。

二、第二级：肌肉独立抗阻训练

（一） 无负重下踝内翻弹力带抗阻练习

坐位或仰卧位于治疗床上，下肢无负重状态，要求膝关节伸直。在足的整个跖趾关节处附上弹力带，另一端可让治疗师拿着，治疗师站立于训练者患侧膝关节处左右，起始姿势踝关节处于外翻位置，令其做踝关节内翻动作至最大角度，然后再回到外翻位置。要求无痛范围。

（二） 屈膝位踝内收弹力带抗阻练习

坐位，下肢自然垂直于地面上，髋关节和膝关节均90°屈曲。起始姿势，踝关节中立位，即0°位，小腿垂直地面。在足的整个跖趾关节处附上弹力带，另一端可让治疗师拿着，治疗师站立于训练者患侧腿外侧，同时，训练者用手固定在髌骨上方，然后做踝内收运动。要求足面不可抬起。

三、第三级：加入功能训练体位

部分负重双足提踵练习

站立位，训练者双手扶墙，双足站立在台阶边缘，跖趾关节后侧为与台阶边缘的接触线。患侧和健侧同时进行提踵动作。要求双足尽量同时抬高，高度尽量保持一致。双足下落时，尽可能地下落到最大角度，并控制下落速度。

四、第四级：功能和阻力的联合增加

（一） 楔形板的胫骨后肌练习

一块楔形板，训练者患肢站在楔形板上，要求足的长轴与楔形板的底边成锐角，足外缘与楔形板面接触，即踝关节成外翻姿势。可手扶墙面，做提踵动作。足跟抬起跖趾关节尽量跖屈，呈踝内翻姿势。

（二） 外侧足尖走练习

起始姿势，双足提踵，用外侧足尖行走。此时踝关节应是内翻跖屈状态。

自学内容

一、第五级：对多个肌群增加阻力，挑战核心稳定性

（一） 侧向蹬台阶练习

站立在台阶下，身体侧向站立。然后利用外侧足弓蹬台阶。

（二） 外侧足尖蹬台阶练习

面向台阶，起始姿势，双足提踵，用外侧足尖行走。此时踝关节是内翻跖屈状态。

二、第六级：加入平衡，增加功能性挑战、速度和（或）旋转运动

（一） 外侧足尖软垫走练习

站在软垫面上。起始姿势，双足提踵，此时踝关节是内翻跖屈状态，然后按照一定路线步行前进。

（二） 外侧足尖折返跑练习

站在平面上。起始姿势，双足提踵，此时踝关节是内翻跖屈状态，然后按照设计折返跑步路线进行高步频、小步幅的练习。

第九节 腓侧肌肉的功能训练

腓侧肌肉主要包括腓骨长肌、腓骨短肌和第三腓骨肌。腓骨长肌作用是踝关节跖屈和足外翻，还有兼顾外展作用；腓骨短肌作用是踝关节跖屈和足外翻，维持外侧足弓；第三腓骨肌作用是负责踝关节背伸、足外翻，趾关节伸的动作。因此，此三块肌肉的练习可以同时进行。

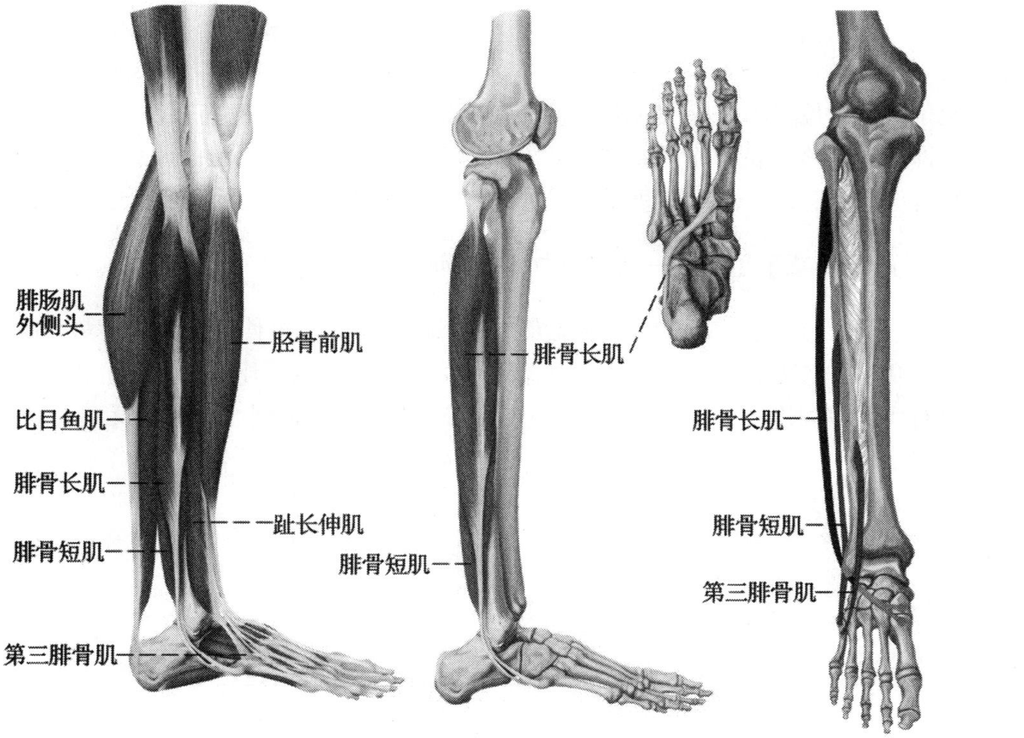

腓侧肌肉

面授内容

一、第一级：肌肉独立训练

（一） 无负重下足跖屈—外翻训练

坐位或仰卧位于治疗床上，下肢无负重状态，要求膝关节伸直。起始姿势，踝关节中立位，即0°位，然后踝跖屈，同时进行足外翻训练。

（二） 无负重下足背屈—外翻训练

坐位或仰卧位于治疗床上，下肢无负重状态，要求膝关节伸直。起始姿势，踝关节中立位，即0°位，然后踝背屈，同时进行足外翻训练。

二、第二级：肌肉独立抗阻训练

（一） 无负重下足跖屈—外翻弹力带抗阻训练

坐位或仰卧位于治疗床上，下肢无负重状态，要求膝关节伸直。起始姿势，踝关节中立位，即0°位。在足的整个跖趾关节处附上弹力带，另一端可让治疗师拿着，治疗师站立在训练者健侧腿旁边，然后踝跖屈，同时进行足外翻训练。要求无痛范围地进行运动。

（二） 无负重下足背屈—外翻弹力带抗阻训练

坐位或仰卧位于治疗床上，下肢无负重状态，要求膝关节伸直。起始姿势，踝关节中立位，即0°位。在足的整个跖趾关节处附上弹力带，另一端可让治疗师拿着，治疗师站在训练者对面，健侧边，然后踝做背屈运动，同时进行足外翻训练。要求无痛范围地进行运动。

三、第三级：加入功能训练体位

（一） 部分负重双足提踵练习

站立位，训练者双手扶墙，双足站立在台阶边缘，跖趾关节后侧为与台阶边缘的接触线。患侧和健侧同时进行提踵动作。要求双足尽量同时抬高，高度尽量保持一致。双足下落时，尽可能地下落到最大角度，并控制下落速度。

（二） 站立位背屈练习

站立位，双足站在踏板或台阶上，足跟接触。起始姿势，患者足放松，跖屈位，然后做背屈动作至最大角度，停留 1 ~2 秒后，再缓慢地做跖屈运动。

四、第四级：功能和阻力的联合增加

楔形板的足外翻练习

训练者患肢站在楔形板上，要求足的长轴与楔形板的底边平行，足底踩在楔形板上，呈足内翻姿势。手扶墙面，做提踵动作。足跟抬起跖趾关节尽量跖屈，呈踝外翻姿势。

自学内容

一、第五级：对多个肌群增加阻力，挑战核心稳定性

足跖屈—外翻走练习

要求足呈跖屈和外翻状态，足内侧足弓着地行走。

二、第六级：加入平衡，增加功能性挑战、速度和（或）旋转运动

软垫上足跖屈—外翻走练习

要求足呈跖屈和外翻状态，足内侧足弓着地在软垫上行走。

第十节 足底肌的功能训练

足底肌群肌肉包括趾短屈肌、蚓状肌、趾收肌和小趾短屈肌等，其主要功能是运动跖骨，如屈曲、外展、伸展等，以及协助胫骨前肌、胫骨后肌、腓肠肌及腓骨长肌这些肌肉维持足弓。

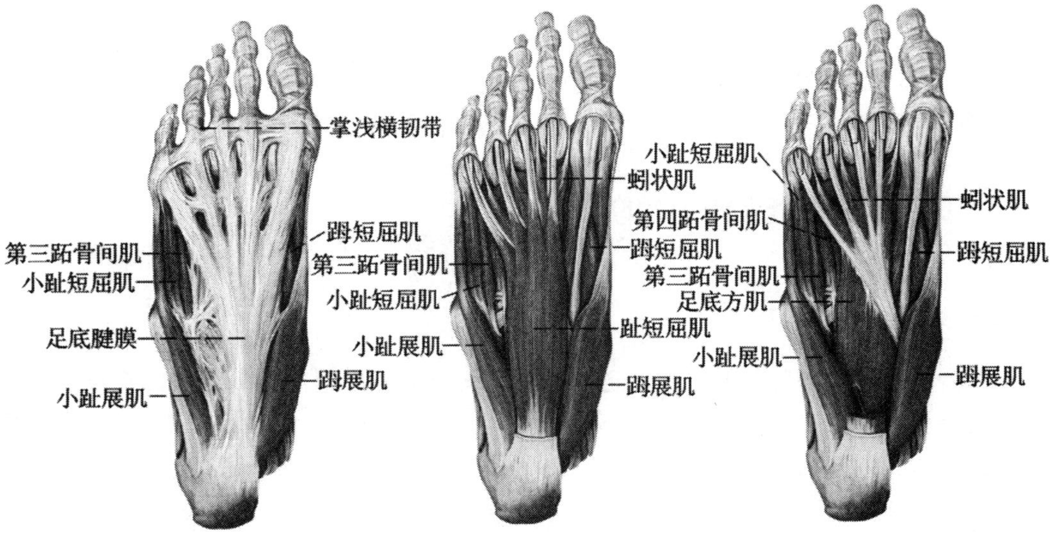

足底肌

一、抓毛巾练习一

坐位，训练者下肢自然放松，足底踩于毛巾上。要求髋关节和膝关节屈曲 90°，展开脚趾踩住毛巾，然后用力回拉，逐步将毛巾拉回。

二、抓毛巾练习二（同时对胫骨前肌、胫骨后肌、腓肠肌及腓骨长肌有帮助）

坐位，训练者下肢自然放松，足底踩于毛巾上。要求髋关节和膝关节屈曲 90°，脚趾尽量保持不动，令足弓收缩，将毛巾拉回。

第十一节　下肢常见损伤的临床应用

面授内容

一、急性膝关节损伤

常见的膝关节急性损伤有交叉韧带的损伤、内外侧副韧带的损伤等。保守治疗的急性韧带损伤所使用的训练方法基本一致，但是改善的速度和顺序有所差别。康复目标和措施，见表 4－1。

表 4－1　急性膝关节损伤的康复目标和措施

分期	目的	措施
急性期	最大限度地减轻肿胀	PRICE 原则，强调压迫止血
康复期	减轻疼痛 活动范围正常化 股四头肌和腘绳肌力量与健侧接近	按摩、牵拉、冰敷、理疗措施 被动、主动关节活动 渐进性功能训练 1～4 级
预后期	神经肌肉控制和平衡功能正常 降低再伤风险	渐进性功能训练 5～6 级 专项训练

急性膝关节损伤的治疗措施除保守治疗外还有手术治疗，术后康复训练亦非常重要。前交叉韧带断裂术后康复过程中相关肌肉的渐进性功能训练步骤如下。

（一）术后第一天

术后麻醉药效过后即刻开始踝泵练习、股四头肌静力性收缩、腘绳肌静力性收缩。

（二）术后 4 天～术后 4 周

仰卧位举腿，逐渐增加次数，在达到的活动范围内结合前文所述的股四头肌、腘绳肌、臀中肌渐进性功能训练的第一、二级练习，循序渐进。

（三）术后2~3个月

在术后一个月的基础上可过渡到功能位的力量练习和抗阻功能位训练。

（四）术后4个月~康复

此时期加强神经肌肉控制能力的训练，多肌群的功能训练、平衡控制等与专项技术相结合的训练手段。

二、跟腱断裂修复术术后康复目标与措施

表4-2 跟腱断裂修复术后康复目标与措施

分期	目的	措施	注意事项
急性期（1~5周）	防止静卧引起的并发症；合理负重，有利于韧带愈合；维持肌力，保持活动度	PRICE原则，强调压迫止血 踝关节周围各肌肉，如小腿三头肌、胫骨前肌等的一、二级肌力训练	合理活动，避免刀口不愈合
康复期（6~12周）	踝关节背屈、内翻和外翻等肌肉，徒手肌力测试达到5级 恢复踝关节的日常功能性活动，如正常步态，蹬台阶等	踝关节周围各肌肉，如小腿三头肌和胫骨后肌的二、三级肌力训练 胫骨前肌等跖屈肌进行一、二级肌力训练	避免在训练中的练习动作和日常功能性活动中出现疼痛 避免被动牵拉跟腱
康复期（12~20周）	恢复踝跖屈肌肌力，徒手肌力测试达5级；促进肌肉群的协调支配能力 恢复无痛下的功能性活动；单腿提踵10次为肌力恢复标准和下台阶动作正常流畅完成	踝关节周围各肌肉，如小腿三头肌和胫骨前肌、后肌的三和四级肌力训练	避免在训练中的练习动作和日常功能性活动中出现疼痛 避免跟腱高负荷，如整个体重下的过度背屈踝关节或跳跃
康复期（20~28周）	能够自如地在跑步机上完成步行，动作流畅 肌力能完成日常活动所需的力量；恢复功能活动 能完成体育活动中对跟腱较高要求的运动	踝关节周围各肌肉，如小腿三头肌等的五、六级肌力训练	活动中避免疼痛和恐惧 在未达到足够的肌肉力量和柔韧性之前，应避免跑步和从事其他体育活动

续表

分期	目的	措施	注意事项
预后期（28 周 ~ 1 年）	无恐惧下进行体育活动；肌肉有足够承担体育活动所需的最大肌力和柔韧性 垂直跳跃评定患侧是否达到健侧的 85%；等速肌力患侧是否达到健侧的 85%（踝关节的各个活动方向）	踝关节周围各肌肉，如小腿三头肌等的五、六级肌力训练 针对专项的训练内容	治疗、功能性体育活动中，避免出现疼痛 在具备足够的肌力和柔韧性之前应避免全项体育运动

三、跟腱炎

表 4 -3　跟腱炎的康复目标与措施

分期	目的	措施	注意事项
康复期	增强弱肌肉的力量，提高踝关节周围稳定肌群力量	主要训练背屈和外翻肌群的练习。例如，胫骨前肌和腓骨长短肌的第 3、4、5 级的训练	要求在无痛范围内进行，根据循序渐进原则进行

四、足底筋膜炎

表 4 -4　足底筋膜炎康复目标与措施

分期	目的	措施	注意事项
康复期	足底筋膜炎属于慢性疼痛问题。主要以放松足底筋膜、肌腱为主，而对肌力的练习，可以从其功能上分析，一般这样的患者其足弓塌陷。因此，主要对足底肌及胫骨后肌等肌肉的练习	足底肌群的训练，如抓毛巾等；胫骨前肌、胫骨后肌、腓肠肌及腓骨长肌的第 4、5、6 级的练习	要求在无痛范围内进行，根据循序渐进原则进行

自学内容

一、骨盆、腹股沟和臀部损伤

骨盆、腹股沟和臀部的损伤发生在足球、跨栏、跳高、马术等运动项目中。常见的骨盆、腹股沟和臀部的急性损伤包括内收肌、股直肌和髂腰肌的拉伤。拉伤的康复目标和措施，见表4－5。

康复期的渐进性功能训练：一旦肌肉活动不引起疼痛，患者就可以开始进行动力性的练习，从独立的拉伤肌肉训练开始，如果因为疼痛尚不能负重，可在去重力体位或在悬吊系统的辅助下进行训练，然后按照上述的渐进性功能训练进行合理练习。练习的强度和难度取决于患者的疼痛和功能水平。拉伤康复过程中，牵拉练习也是很重要的康复措施，同时可以配合以按摩和多种电疗辅助治疗。拉伤的治疗进展不宜过快，否则很容易发展为慢性。

表4－5　拉伤的康复目标和措施

分期	目的	措施
急性期	减轻水肿	PRICE原则
康复期	减轻疼痛 使动作、力量和本体感觉正常化	渐进性功能训练1～5级 神经肌肉控制训练
预后期	回归赛场达到受伤前水平 降低再伤风险	渐进性功能训练5～6级 专项训练

二、大腿部损伤

常见的大腿部损伤有腘绳肌的拉伤、大腿的挫伤等。大腿部损伤的康复目标和措施，见表4－6。大腿后部肌群训练不足是发生腘绳肌损伤的内在因素。力量弱、柔韧性差是其具体表现。因此腘绳肌的训练也很重要，不能只关注股四头肌的力量训练，两者应处于生理平衡关系。

康复练习计划应包括各种力量练习、柔韧性练习、神经肌肉练习及专项功能练习。要根据疼痛和功能恢复的情况来控制练习的进度。一般而言，在康复的早期，强调小负荷和多次重复，如每组20～30次，每天3～4组。负荷要逐渐增大，而随着功能的改善重复次数逐渐减少。开始阶段的练习负荷要小，然后速度和爆发力逐渐加大。

表 4-6　大腿部损伤的康复目标和措施

分期	目的	措施
急性期	最大限度地减轻肿胀	PRICE 原则，强调压迫止血
康复期	减轻疼痛 活动范围正常化	渐进性功能训练 1～4 级 按摩、牵拉、理疗措施
预后期	回归赛场达到受伤前水平 降低再伤风险	渐进性功能训练 5～6 级 专项训练

三、髌股疼痛综合征

表 4-7　髌股疼痛综合征的分类、损伤机制和康复措施

分类	损伤机制	措施
下楼梯疼痛	伸肌装置的离心活动使髌股关节内压力增高	股四头肌离心力量训练
下蹲时疼痛	股四头肌力量较弱	加强侧肌和臀中肌的渐进性功能训练
长时间坐疼痛	髌股关节内受压过久	
刹车急停时疼痛	伸膝装置用力收缩	

四、小腿和踝损伤

常见于田径、羽毛球、体操等项目中，不同的损伤其功能康复有其共同点和特异性，一些常见损伤的具体康复内容，见表 4-8。

表 4-8　小腿和踝损伤康复目标与措施

分期	目的	措施
急性期	最大限度地减轻肿胀	PRICE 原则，强调压迫止血
康复期	减轻疼痛 活动范围正常化 恢复患者小腿肌力量与健侧接近	按摩、牵拉、冰敷、理疗措施 被动、主动关节活动 渐进性功能训练 1～4 级
预后期	神经肌肉控制和平衡功能正常 降低再伤风险	渐进性功能训练 5～6 级 专项训练

五、胫骨后肌肌腱炎

表 4－9　胫骨后肌肌腱炎

分期	目的	措施	注意事项
急性期（1～3周）	防止静卧引起的并发症；维持其余肌肉肌力 保持足内翻、跖屈的活动度	其他踝关节周围肌肉主要以等长肌力训练逐步进阶到徒手和弹力带抗阻训练；佩戴踝护具	主要以制动为主，在适当活动中注意不要出现疼痛；防止长时间的制动而导致的关节活动度下降
康复期（3～4周）	恢复肌力，日常简单的功能活动，如站立，步行，蹬自行车	胫骨后肌主要以等长肌力训练为主； 其他踝关节周围肌肉主要以等长肌力训练逐步进阶到徒手和弹力带抗阻训练，即第1、2级肌力训练； 佩戴踝护具进行步态练习	步态练习不可太久，活动在无痛条件下进行
康复期（4～8周）	足的内翻、跖屈活动增强 胫骨后肌肌力到达5级 恢复日常功能能力 跑台上步行正常，短距离慢跑	胫骨后肌主要以徒手和弹力带抗阻训练，即第1、2级肌力训练为主； 其他踝关节周围肌肉主要以功能性训练为主，即第3、4级肌力训练	活动在无痛条件下进行 运动负荷不要过大
康复期（8～12周）	可以进行中等强度的体育活动 专项性训练 肌肉的速度、柔韧性训练	胫骨后肌主要以功能性训练为主，即第3、4级肌力训练； 其他踝关节周围肌肉主要以功能性训练为主，即第5、6级肌力训练	活动在无痛条件下进行

六、踝外侧韧带重建术后

表 4－10　踝外侧韧带重建术术后康复目的与措施

分期	目的	措施	注意事项
急性期（1～6周）	防止静卧引起的并发症；合理负重，有利于韧带愈合； 维持肌力，保持活动度	以等长肌力训练为主。对踝关节周围各肌肉，如小腿三头肌、胫骨前肌等的一级肌力训练	合理活动，避免刀口不愈合

续表

分期	目的	措施	注意事项
康复期（6~8 周）	在无辅助情况下恢复正常步态，踝周围肌肉肌力达到徒手肌力的 4 级	足底肌的训练，抓毛巾 对内翻肌、外翻肌、跖屈肌和背屈肌进行第 1、2 级的练习，从等长肌力训练逐步过渡到徒手、弹力带的抗阻练习；以及正常步态的功能性训练	避免过长时间的步态练习 避免过度主动和被动地内翻、跖屈
康复期（8~12 周）	小腿肌力 5 级，单腿抬小腿 10 次水平；在跑台上自如行走，慢跑；上下台阶自如	对足内翻、足外翻和保护踝关节的肌肉群等的肌力训练，第 3、4 级练习	注意对训练者动作的矫正
康复期（12~16 周）	肌力训练目标：患侧肌力达健侧肌力的 85% 以上 无恐惧地完成变向和转速运动	对足内翻、足外翻和保护踝关节的肌肉群等的肌力训练，第 4、5 级练习	术后 6 个月内运动时还是要佩戴踝部支具；高强度运动时不要过量

思考题

1. 掌握并会设计下肢肌肉的渐进性功能训练。

2. 任选一个髋部损伤设计其渐进性功能训练方案。

3. 如何设计前交叉韧带损伤术后的渐进性功能康复方案?

4. 请具体详述腓肠肌的渐进性功能训练的方法，每个级别举 2 个训练方式。

5. 请详述比目鱼肌的渐进性功能训练的方法，每个级别举 2 个训练方式；请指出腓肠肌与比目鱼肌训练的不同之处，简述原因。

6. 请具体详述足底肌的渐进性功能训练的方法，每个级别举 2 个训练方式。

7. 某青年篮球运动员，在一次比赛中踝外侧韧带断裂，随后手术，术后 4 周后介入康复治疗，此前一直佩戴护具制动。经检查发现踝活动度近乎没有，踝关节周围肌力为 2 级。请根据上述信息，制定肌肉功能康复计划。

8. 某长跑业余爱好者，经常跑马拉松比赛，近期 2 周发现足跟处疼痛，提踵疼痛，正常步行时疼痛，但无明显肿胀现象，踝跖屈时疼痛。请根据上述信息，制定肌肉功能康复计划。

参考文献

[1]M Boyle. *Functional Training for Sports*[M]. Human Kinetics, Champaign, IL:2003.

[2]M York, C Kennedy. *Functional Exercise*[M]. Healthy Learning Pub, Monterey, CA:2004.

[3]J Radcliffe. *Functional Training for Athletes at All Levels*[M]. Ulysses Press, Berkeley, CA:2006.

[4]T Ellenbecker. 运动康复中的有效功能训练[M]. 王安利,译. 北京:北京体育大学出版社,2011.

[5]王安利. 运动损伤预防的功能训练[M]. 北京:北京体育大学出版社,2013.

[6]曲绵域,于长隆. 实用运动医学[M]. 北京:北京大学医学出版社,2003:538.

[7] *Traditional views of the function of the muscles of the local stabilizing system of the spine. In: Therapeutic exercise for spinal segmental stabilization in low back pain.* Sydney: Churchill Livingstone, 1999. 21 – 40[chapter3]

[8]Todd Ellenbecker, Mark De Carlo, Carl DeRosa. 运动康复中的有效功能训练[M]. 王安利,译. 北京:北京体育大学出版社,2004.